PEPE PESCHEL

Pimp your Brain!

Die Fitness-Formel für Gedächtnis und Konzentration

Mit 33 Übungen fürs Gehirn

VORWORT

Schön, dass du da bist! Um Entscheidungen aus der Tiefe deines Herzens zu treffen, zu fühlen, was dein Weg ist, und zu wissen, wie du ihn am besten beschreiten kannst, brauchst du klare Gedanken und ein gut funktionierendes Gedächtnis. Wichtiges gilt es dabei vom Unwichtigen zu trennen und verfügbar zu machen. All das gelingt in der ganzheitlichen Verbindung von Körper, Seele und Geist. Dein Gehirn ist dein persönlicher Mikrokosmos aus deinem Wissen und deinen Erfahrungen, der dich und deine immerhin 100 Billionen Körperzellen durch den Alltag navigiert.

„Unser Gehirn hat sich entwickelt, weil wir einen Körper besitzen, nicht umgekehrt", schreibt auch der namhafte Pionier der angewandten Gedächtnisforschung Paul E. Dennison: Gelerntes bleibt dann haften, wenn es von dem empfindenden Organismus aufgezeichnet wird – mit den Augen und Ohren, taktil und durch Bewegung. Um diese Ganzheitlichkeit und darum, dass die Lebendigkeit deiner Hirnstrukturen z. B. auch von körperlicher Aktivität abhängig ist, dreht sich alles in *Pimp your brain*. Nur in der Verbindung mit all unseren Daseinsebenen können wir richtig denken, etwas behalten und uns erinnern.

Liegt dir oft „etwas auf der Zunge"? Ist dein Gedächtnis „ein Sieb"? Oder stehst du regelmäßig „auf der Leitung"? Warum das manchmal so ist und wie du damit umgehst, erfährst du in diesem Buch. Auch wie dein Gehirn überhaupt lernt und etwas behält. Beispiel: Nicht nur genetische, auch Umweltfaktoren prägen deine Gedächtnisfunktionen. Unter dem Einfluss des Stresshormons Kortisol etwa ist der Gedächtnisabruf regelrecht blockiert. Das heißt, dein Wissen ist zwar vorhanden, du kommst jedoch aktuell nicht an die Informationen heran. Unsere digitalisierte Welt spielt ebenfalls eine große Rolle: Kommunikation verändert sich, ist in vielen Fällen anonym. Damit verändern sich unsere menschlichen Emotionen und Motivationen – und infolgedessen auch das Denken.

Dein Gehirn reift in erster Linie durch *echte* Interaktionen, wie die Hirnforschung zeigt. Es liebt die Abwechslung, es will spielen und sich immer wieder neu erfinden, statt auf Autopilot in ewig gleichen Abläufen dahinzuvegetieren. Denn wir sind Menschen – keine Maschinen. Wir blühen auf durch lebendigen Austausch face to face, durch Sport und aktive Bewegung. Durch intuitive Nachahmung, Erfahrung und selbstständiges Nachdenken. Immer neue Verbindungen, die auf diese Weise zwischen deinen Nervenzellen entstehen, können deinen Geist wachhalten. Wenn du spielerisch statt auf Leistung und Perfektion programmiert durch die reale Welt gehst und auch mal Verrücktes wagst.

In 33 spielerischen Memory-Übungen in allen Schwierigkeitsstufen kannst du etwas für deine Denkflexibilität, Gedächtnisstärke, Fantasie und Kreativität tun und deine grauen Zellen wirkungsvoll spazieren gehen lassen oder um den nächsten Tanz bitten. Auch an deinen Reiseproviant ist gedacht: mit Brain Food in bunter Vielfalt statt Einfalt auf dem Teller.

Ich wünsche dir bei alledem viel Spaß, unzählige Glücksmomente und eine neue körperliche wie geistige Freiheit – erfrischt und inspiriert!

BRAIN BASICS: WO DU DENKST, DASS DU DENKST

„Freude, schöner Götterfunken, Tochter aus Elysium, wir betreten feuertrunken, Himmlische, dein Heiligtum." Wer Friedrich Schillers *Ode An die Freude* auswendig kann, wird den Text problemlos immer wieder rezitieren. Die Frage bleibt, ob reines Abspulen auch deine grauen Zellen vital hält? Die Antwort: Nein. Alles, was dein Gehirn schon kann, läuft nämlich unbewusst ab – quasi auf Autopilot. Gähn... Damit stellt es keine besondere Hirnleistung mehr dar. Und wenn eines für die Wissenschaft klar ist: Unser Gehirn will täglich aufs Neue herausgefordert werden. Nur, wo genau denken wir eigentlich? Lass uns gemeinsam hinter die Kulissen von Gehirn und Gedächtnis schauen.

> *„Wenn das Gehirn so einfach wäre, dass wir es verstehen könnten, wären wir zu dumm, um es zu begreifen."*
>
> Jostein Gaarder (norwegischer Schriftsteller)

Aus der Wüste in die Wissensflut

Lebenslang lernen – das ist möglich und kein Problem, heißt es oft. Vielleicht hast auch du diesen Satz schon einmal gehört. Super – und warum sind dann die Dinge nie dort, wo man sie hingelegt hat? Letzte Woche habe ich z. B. fieberhaft meinen Führerschein gesucht. Wie immer natürlich ausgerechnet, als ich dringend zu einem Kundentermin musste. Ich saß quasi schon im Auto und war bereits zu spät dran. Ich durchwühlte alle Jacken- und Handtaschen und war schließlich überzeugt, dass mir die Karte nur jemand gestohlen haben kann. Und dachte weiter: „Okay, dann muss ich das eben melden. Es gibt immer eine Lösung …"

Und da fiel es mir ein: Ich war tags zuvor im Schwimmbad gewesen, und mein Führerschein lag noch in dem kleinen blauweiß gestreiften Mäppchen, das ich immer in der Badetasche habe. Ich meine, wer geht schon mit Handtasche schwimmen? Nur hätte ich da ja auch schneller drauf kommen können, oder? Ob in meinem Fall der Knoten im Taschentuch, die wohl bekannteste aller Eselsbrücken, weitergeholfen hätte?

Mit Gedächtnisstützen versuchen Menschen seit jeher, Wichtiges zu behalten oder Wissenswertes für den Fall der Fälle abzuspeichern. Der Erfinder der Gedächtnishilfen, die unter dem Begriff Mnemotechniken (von griechisch mnemé, „Gedächtnis, Erinnerung" und techné, „Kunst") bekannt geworden sind, soll der altgriechische Lyriker Simonides von Keos (557/556–468/467 v. Chr.) sein. Als Redner bei einem Festgelage war er der Überlieferung nach nicht im Saal, als über der Festgesellschaft das Dach einstürzte und alle Gäste unter sich begrub. Entstellte Leichen, die nicht mehr identifizierbar waren, gaben entsprechend viele Rätsel auf: Wie sollten die Hinterbliebenen ihre Angehörigen erkennen, um sie beizusetzen? Simonides – nur knapp dem Tod entgangen – soll hier bei der Rekonstruktion der Vorgänge behilf-

!

Gedächtnisstützen und Erinnerungsmethoden gibt es bereits seit der Antike und werden unter dem Begriff Mnemotechniken zusammengefasst.

lich gewesen sein: Er erinnerte sich, wer an welchem Platz der Festtafel gesessen hatte und ermöglichte so den Familien, von den sterblichen Überresten ihrer Lieben Abschied zu nehmen. Ordnung, Anordnung und Assoziation rückten als wichtige Aspekte, die offensichtlich für ein gutes Gedächtnis maßgeblich sind, in den Fokus – die Mnemotechnik war geboren.

Heute neu, morgen veraltet

Vor der Erfindung des Buchdrucks und der massenhaften Verbreitung von Schriftgut mussten die Menschen viel mehr Dinge im Kopf speichern. Außerdem war Papier teuer, und auch Lesen und Schreiben konnte nicht jeder. Für Rechtsgelehrte im Mittelalter beispielsweise oder für Kaufleute war das richtige Einprägen existenziell wichtig und spielte eine immense Rolle für ihren Alltag, denn Wissen und Informationen waren nicht so schnell verfügbar wie heute, sondern mussten mühselig zusammengesammelt werden.

Von den Vorteilen des Digitalzeitalters konnten unsere Vorfahren nur träumen – vielleicht wären sie aber auch völlig überfordert davon gewesen: Inzwischen leben wir in einer überinformierten Gesellschaft. Die Zeitspanne, in der sich menschliches Wissen verdoppelt, wird immer kürzer: 1950 waren es noch 50 Jahre, 1980 immerhin sieben und 2010 nur noch knapp vier Jahre. Die Angaben hierzu variieren, doch mittlerweile dürfte es sich wohl nur um wenige Monate handeln. Auch du hast sicher schon öfter mal genervt abgewinkt, wenn schon wieder Nachrichten ins Haus, aufs Smartphone oder Tablet flatterten. Nein, bitte nicht noch mehr Infos – Posts hier, Tweets dort, Blogs, E-Mails, Newsletter, Flyer, Broschüren, Handouts. Hilfe!

Wir verfügen zwar heute über zahllose Möglichkeiten, um unsere grauen Zellen zu entlasten. Wir nutzen die Erinnerungs- und Notizfunktion unseres Smartphones, speichern Tausende von Fotos auf CDs oder externen Festplatten, ordnen unsere Datenberge

> **!**
>
> Das Problem ist weniger, Wissen zu generieren. Es gilt, gezielt die für uns relevante Information auszuwählen.

mithilfe von elektronischen Dokumentenmanagementsystemen, Onlinespeichern oder cloudbasierten Archiven. Unser Dilemma heute ist also weniger, Wissen zu generieren, sondern gezielt das für uns Entscheidende aus der täglichen Informationsflut auszuwählen und es uns vor allem auch dauerhaft zu merken, wenn wir das wollen oder vielleicht sogar müssen.

Benutze dein Gehirn, wirklich!

„Das große Problem ist nicht, dass wir immer mehr vergessen", sagt auch Kirsty Meyer, Ergotherapeutin und Trainerin für Mentales Aktivierungstraining (MAT). „Vieles behalten wir bei der allgegenwärtigen Informationsflut erst gar nicht. Hinzu kommt, dass wir erst durch das Benutzen einer Information diese auch dauerhaft abspeichern – also uns überhaupt merken können."

Viele Bereiche des Gehirns wirken zusammen. Beispiel: Die Großhirnrinde (Kortex) besteht aus vier verschiedenen Lappen, darunter der Stirnlappen (blau). Von hier aus werden etwa Bewegungen und Handlungen geplant.

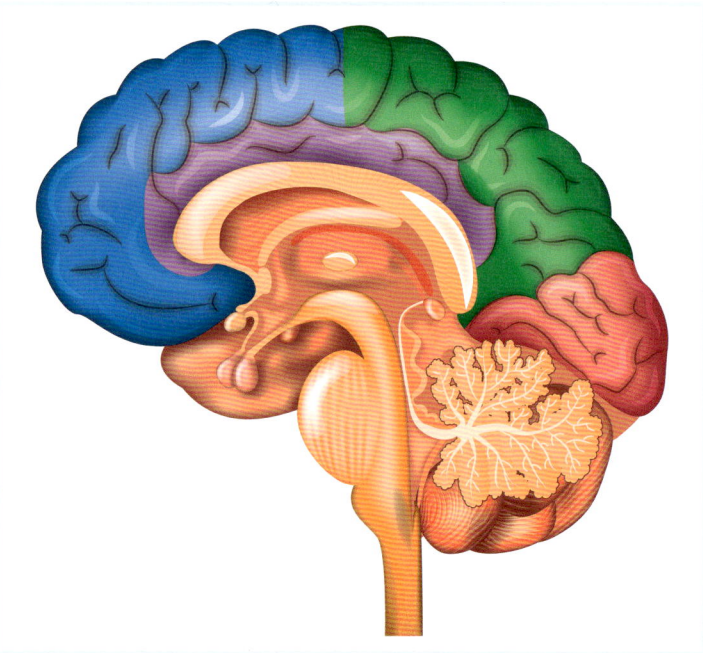

Beispiel: Noch in den 1980er-Jahren musste man für einen Anruf die betreffende Telefonnummer immer wieder wählen oder eintippen. Man musste sie im wahren Wortsinn benutzen. Damit wurde dem Gehirn reichlich Abwechslung statt gähnender Langeweile geboten: Heute ist es nur ein Tastendruck auf ein Foto oder Symbol. Würde man uns aber nach der konkreten Rufnummer des besten Freundes oder gar eines Familienmitglieds fragen, wir wüssten sie nicht (mehr). Damit unterfordern wir einerseits unser Gehirn. Auf der anderen Seite überfordern wir es durch die Informationsflut, die wir oft ungebremst auf uns einprasseln lassen. Fazit: Das digitale Multimediazeitalter bietet leider nicht die passenden Impulse für die schwammartigen knapp 1,5 kg Gehirn in deinem Kopf.

!

Geistig fit: Biete deinem Gehirn Abwechslung statt gähnender Langeweile.

Die Macht des Unbewussten

Der Neurobiologe Martin Korte von der Technischen Universität Braunschweig appellierte 2018 in der SWR-Teleakademie *Wir sind Gedächtnis,* dass wir aus reiner Gewohnheit viel zu oft auf ausgetretenen Denkpfaden wandeln. Die Folge dieser Monotonie im Denken ist ein vergleichsweise kleiner Informationspool in unserem Kopf. Verfügen wir nur über wenige Informationen, neigt unser Gehirn wiederum offensichtlich zu Übergeneralisierungen. Man könnte auch sagen: Es schert quasi alles über einen Kamm. Das sei übrigens auch eine der Grundlagen dafür, dass wir Vorurteile haben, so Korte. Und schon stecken wir, schwupp, dies und jenes in Schubladen – ob Lebewesen, Gegenstände, ein bestimmtes Umfeld oder Situationen. Das Gehirn meint es zwar gut mit uns, denn es will bei der Informationsverarbeitung Energie für andere Denkvorgänge sparen. Auf der anderen Seite stellt jede Denkschublade eine Begrenzung deines Denkens und Handelns dar – auch und vor allem im Hinblick auf die Zukunft.

Ein schönes Beispiel ist diese Geschichte des amerikanischen Schriftstellers David Foster Wallace (1962–2008), die er zum Einstieg eines Vortrags vor Collegeabsolventen hielt: Schwimmen zwei junge Fische des Weges und treffen zufällig einen älteren Fisch, der in die Gegenrichtung unterwegs ist. Er nickt ihnen zu: „Morgen, Jungs. Wie ist das Wasser?" Die zwei jungen Fische schwimmen eine Weile weiter, und schließlich wirft der eine dem anderen einen Blick zu und sagt: „Was zum Teufel ist Wasser?"

Diese Geschichte zeigt im übertragenen Sinne auf, wie sehr wir von Gewohnheiten und Annahmen geprägt sind – das Prinzip: Autopilot. Dieser hat in der Geschichte die Wahrnehmung der beiden jungen Fische sogar derart verändert, dass sie das Medium Wasser – ihren eigenen Lebensraum – nicht wirklich als solchen erkennen. Und so geht es oft auch uns. Wir schalten auf Autopilot, freilich häufig unbewusst, denken in Schubladen und berauben uns damit vieler auch zwischenmenschlicher Erfahrungen. Wir verzichten auf die Faszination täglicher Glücksmomente, sind blind für das Entdecken neuen Wissens, das Erobern verlockender Ziele und lassen mitunter auch positive Überraschungen und Geschenke des Lebens sang- und klanglos an uns vorüberziehen, weil wir sie gar nicht sehen.

Neurowissenschaftler Korte weiter: „Durch ganz viele Wahrnehmungen, die wir haben, über den Aufbau von Zeitschriften und Büchern, über das, wie unsere Kultur funktioniert: Wir vorkonfigurieren, wie wir die Welt sehen – und können sie dann auch gar nicht mehr anders sehen." Das passiere vor allem dann, wenn wir bestimmte Abläufe öfter erleben und immer schneller wiedererkennen. Und sie deswegen auch wunderbar zu unserer vorgefertigten Meinung passen bzw. diese scheinbar bestätigen. Martin Korte nennt das auch die Macht des unbewussten Gedächtnisses. David Foster Wallace brachte es in seinem Vortrag so auf den Punkt: „Die naheliegende Pointe der Fischgeschichte ist, dass die offensichtlichsten, allgegenwärtigsten und wichtigsten Tatsachen oft die sind, die am schwersten zu erkennen und zu diskutieren sind."

> **!**
>
> Denkschubladen begrenzen dein Handeln – doch sie existieren nur in deinem Kopf.

Um aus den oft verhängnisvollen eingefahrenen Gewohnheiten herauszukommen und damit auch Wege für das freie Denken und die individuelle Weiterentwicklung aufzubrechen, um also überhaupt nur den Ansatz einer Chance für realistische Wahrnehmung ohne Denkschubladen zu haben, braucht es deswegen zuallererst deine klare Entscheidung, den Blickwinkel ändern zu wollen. Die Trampelpfade im Kopf bewusst zu verlassen. In seinem Buch *This is water* inspirierte David Foster Wallace zu jenen neuen Denkmöglichkeiten, die sich z. B. in einem übervollen Supermarkt kurz vor dem Wochenende oder den Feiertagen in der Warteschlange an der Kasse üben lassen – weil nichts unmöglich ist. Auch nicht das, was unwahrscheinlich anmutet. Denn Gewohnheiten sind „mentale Abkürzungen“, wie es die Sozialpsychologin Wendy Wood von der University of Southern California ausdrückt. Und wenn wir erst einmal anfangen, im Denken neue Wege zu beschreiten, kann dies nicht nur neue Türen öffnen und unser Leben verändern bzw. bereichern – wir ebnen damit auch den Weg zu einem besseren Gedächtnis.

!

Nichts ist unmöglich. Auch nicht das, was als unwahrscheinlich anmutet.

This is water: Du hast immer eine Wahl!

„An den meisten Tagen, an denen Sie aufmerksam genug sind und die Wahl haben, können Sie sich aber entscheiden, die fette, bräsige, aufgebrezelte Frau, die in der Supermarktschlange gerade ihr Kind angeschnauzt hat, mit anderen Augen zu sehen – vielleicht ist sie sonst nicht so; vielleicht hat sie gerade drei Nächte lang nicht geschlafen, weil sie ihrem an Knochenkrebs sterbenden Mann die Hand gehalten hat; vielleicht hat genau diese Frau auch den unterbezahlten Job im Straßenverkehrsamt und hat gestern erst ihrem Mann geholfen, durch einen kleinen Akt bürokratischer Güte einen albtraumhaften Papierkrieg zu beenden. Das alles ist natürlich unwahrscheinlich, deswegen aber nicht unmöglich – es hängt nur alles von Ihrer Perspektive ab.

▶▶

Wenn Sie automatisch sicher sind, dass Sie wissen, was Wirklichkeit ist und wer und was wirklich wichtig ist – wenn Sie gemäß Ihrer Standardeinstellung operieren wollen, dann werden Sie wahrscheinlich genauso wenig wie ich über Alternativen nachdenken, die nicht sinnlos sind und nerven. Wenn Sie aber wirklich zu denken gelernt haben und aufmerksam sein können, dann wissen Sie, dass Sie eine Wahl haben. Dann steht es in Ihrer Macht, eine proppenvolle, heiße und träge Konsumhölle als nicht nur sinnvoll, sondern heilig anzusehen, weil sie mit einer Energie geladen ist, die Sterne erschaffen konnte – Anteilnahme und Liebe, die unterschwellige Einheit aller Dinge. […] Die wirklich wichtige Freiheit erfordert Aufmerksamkeit und Offenheit und Disziplin und Mühe und die Empathie, andere Menschen wirklich ernst zu nehmen und Opfer für sie zu bringen, wieder und wieder, auf unendlich verschiedene Weisen, völlig unsexy, Tag für Tag. Das ist wahre Freiheit. Das heißt es, Denken zu lernen."

aus: David Foster Wallace: Das hier ist Wasser, Kiepenheuer & Witsch, Köln, 18. Auflage 2018, S. 28–29.

Wer seine Trampelpfade im Kopf bewusst verlässt, ebnet den Weg zu einem besseren Gedächtnis.

Kontaktkünstler Gehirn

Neurowissenschaftler gehen davon aus, dass das Gehirn von der dauerhaften Änderung von Synapsen – den Kontaktstellen zwischen deinen Nervenzellen – lebt: Nur durch stetig neue Verbindungen dieser Synapsen können die Zellen deines Gehirns offensichtlich Erinnerungen nachhaltig speichern und bei Bedarf auch wieder abrufen. Das ist eine Erkenntnis, der die Automatismen, wie ich sie oben beschrieben habe, oft konträr gegenüberstehen.

Zu unseren „mentalen Abkürzungen" gehören auch virtuelle Assistenten wie Alexa, derer wir uns im Alltag oft bedienen. Smarte Technologien erleichtern zwar zweifelsohne das Leben, die für deine lebenslange Gehirngesundheit wichtigen neuen Impulse bleiben jedoch aus. Auch Gedichte rauf- und runterrasseln zu können, wie die eingangs erwähnte Ode Schillers, gehört leider nicht in die Trickkiste für fitte graue Zellen. Ebenso wenig klassische Empfehlungen für Gedächtnistraining, wie z. B. das viel zitierte Kreuzworträtsel oder Sudoku – zumindest dann nicht, wenn du diese Aufgaben ohnehin schon quasi im Schlaf beherrschst. Überrascht? Dann ist es Zeit, dir neue Herausforderungen zu suchen, damit die immer gleichen Abläufe dein Gehirn nicht vollends anöden und regelrecht verkümmern lassen.

Gestatten, mein Name ist Neuron …

Dein Gehirn besteht immerhin aus sage und schreibe rund 86 Milliarden Neuronen. Das sind die Nervenzellen, die gefordert werden wollen! Sie verfügen wie jede Körperzelle über einen Zellkörper. Die Körper der Neuronen haben aber zusätzlich zwei Typen von Fortsätzen – die Dendriten und die Axone. Und was Neuronen damit können, passiert in einer unvergleichlichen Präzision: Jederzeit leiten Dendriten, quasi die Eingangskabel, Signale in den Zellkörper. Ist das Signal bearbeitet, wird ein Ausgangssignal erzeugt und dafür die Ausgangskabel, die Axone, genutzt.

!

Sie beherrschen Networking in Reinkultur: die 86 Milliarden Nervenzellen deines Gehirns.

Alles in allem bilden deine Nervenzellen ein System von höchster Kontinuität und Leistungsbereitschaft – um Denken und Lernen, Handeln und Verhalten, Leben und Leisten möglich zu machen. Dazu verfügt jedes Neuron über 1000 bis 10.000 (!) Synapsen, mithilfe derer deine Nervenzellen untereinander kommunizieren. Permanent entstehen also billionenfach neue Nervenzellverbindungen, die dein Gehirn zu einem gigantischen Kontaktkünstler formieren, mit dem du Informationen aufnehmen, bewerten und verarbeiten kannst. Alles, was mit der Entwicklung unseres Gehirns zu tun hat, beruht auf Wachstum und Veränderung dieser Verbindungen.

Das Kurzzeitgedächtnis: begrenzte Aufmerksamkeit

Bei der Informationsverarbeitung benutzt dein Gehirn viele verschiedene Areale. Dein Großhirn z. B. ist evolutionsgeschichtlich gesehen der jüngste Teil des Gehirns. Er wird von der stark gefurchten Großhirnrinde, dem Kortex, umhüllt und umfasst die beiden Großhirnhälften (Hemisphären). Das Großhirn heißt übrigens deswegen so, weil es rund 80 Prozent des gesamten Hirnvolumens ausmacht. Ohne Großhirn kein Bewusstsein, kein Denken und Gedächtnis.

Neu eintreffende Erfahrungen und Informationen landen zunächst im „Arbeitsspeicher", deinem Arbeitsgedächtnis. Seine Strukturen befinden sich u. a. im Scheitellappen vor allem der linken Hemisphäre und im präfrontalen Kortex (PFC), auch Stirnhirn genannt. Dieses wiederum ist Teil deines Stirnlappens (siehe Seite 10). Viele kennen statt Arbeitsgedächtnis auch den Begriff Kurzzeitgedächtnis. Gemeint ist dasselbe – die zentrale Organisationseinheit, die deine Aufmerksamkeit steuert und kurzzeitig erworbene Gedächtnisinhalte verarbeitet. Hier bewältigst du deinen Alltag, planst, denkst, bist „vernünftig" und triffst Entscheidungen. Das Arbeitsgedächtnis hilft dir auch dabei, zukünftige Ereignisse auf Basis bereits gemachter Erfahrungen ein-

!

Das Arbeitsgedächtnis hat nur begrenzte Kapazitäten und fungiert als Zwischenspeicher für neue Informationen.

zuschätzen. Dazu kann es auf im Langzeitgedächtnis abgelegte Daten zurückgreifen und diese praktisch reaktivieren.

Bei Menschen, die an der Börse arbeiten oder in einem Umfeld, in dem am laufenden Band rasche Entscheidungen gefordert sind, ist das Stirnhirn besonders stark ausgeprägt, fanden Forscher der Universität von Iowa heraus. Die Kehrseite: Passiert etwas außerplanmäßig – der viel zitierte „Zufall" –, sortiert das Gehirn auch diese Ereignisse in bekannte Abfolgen ein, was durchaus zu falschen Prognosen und Einschätzungen führen kann.

Damit überhaupt Informationen aus der Umwelt in dein Arbeits- bzw. Kurzzeitgedächtnis eingehen können, verfügst du zudem über ein sensorisches Gedächtnis. Es bildet deine Verbindung zur Außenwelt und wird auch sensorisches Register oder Ultrakurzzeitgedächtnis genannt. Reize, die aus der Außenwelt auf dich einprasseln, werden dort weitestgehend unbewusst verarbeitet. Das heißt: Nicht jeden Reiz, z. B. die Geräusche eines vorbeifahrenden Autos, wenn du gerade im Büro oder beim Essen sitzt, nimmst du bewusst war.

Das macht auch Sinn, denn es sind sage und schreibe immerhin rund elf Millionen flüchtige Sinneseindrücke pro Sekunde, die auf uns einwirken (darunter bei mir momentan der Druck der Nackenstütze meines Bürostuhls oder der Geschmack meines dampfenden Tees). Diese Sinneseindrücke werden in Windeseile geprüft, sortiert und größtenteils auch prompt wieder vergessen. Stell dir vor, wie heillos überfordert wir ohne diesen Mechanismus wären. Übrigens: Die Gesamtkapazität des sensorischen Speichers ist nahezu unbeschränkt groß. Wobei nach Angaben des Neuropsychologischen Therapiezentrums an der Ruhr Universität Bochum alles, was wir hören, mit immerhin zwei bis drei Sekunden wesentlich länger zwischengespeichert wird als visuelle Reize, die es nur auf 250 bis 500 Millisekunden bringen.

!

Nur mit ungeteilter Aufmerksamkeit kannst du Wichtiges im Gedächtnis aufrechterhalten.

Im Arbeitsspeicher – als erstem bewussten Teil deines Gedächtnisses – sieht es da schon anders aus: Die Kapazitäten hier sind auf gerade einmal fünf bis neun Informationseinheiten begrenzt. Dafür können diese bis zu wenigen Minuten behalten werden. Das wiederum funktioniert offensichtlich umso besser, je fokussierter und leidenschaftlicher du bei der Sache bist. Sowohl die Verarbeitungsgeschwindigkeit neu eintreffender Informationen als auch die Merkspanne definieren nämlich die Power deines Arbeitsgedächtnisses.

Dass hier Fakten bei ungeteilter Aufmerksamkeit am besten aufrechterhalten werden, erlebst du in deinem Alltag oft. Beispiel: Für eine Transaktion im Netz erhältst du einen Security Key aufs Smartphone. Bis du diesen eingegeben hast, um die Transaktion abzuschließen, murmelst du ihn wahrscheinlich mehrmals vor dich hin: 8-7-6-5-4-3-2-1. Auf diese Weise erhältst du die für dich wichtige Information aufrecht. Klingelt aber zwischendrin das Telefon oder wirst du auf andere Weise abgelenkt, bevor du den Key eingegeben hast, kann er in deinem Gedächtnis wieder verloren gehen. Der Grund: Die neue Information, die durch die Unterbrechung auf dich einwirkt, rennt das, was du dir vor wenigen Sekunden noch merken konntest, in etwa so uncharmant über den Haufen, wie jemand beim Bäcker, der sich bei der Frage, wer als Nächstes dran sei, lauthals „Ich!" rufend in den Vordergrund spielt. Und schon ist der Security Key im Kopf weg. Also nimmst du das Smartphone erneut zur Hand und beginnst von vorne.

!

Es genügt nicht, dir Veränderungen zuzutrauen – du musst auch wirklich daran glauben.

Ich vermute, in diesem Zusammenhang muss auch die bekannte Redensart „Ich habe ein Gedächtnis wie ein Sieb" entstanden sein, oder „Der erste Gedanke ist nicht immer der beste" bis hin zu „Die besten Gedanken kommen einem immer hinterher". Ich habe für mich inzwischen einen sehr wirkungsvollen Glaubenssatz entwickelt, sollte ich etwas vergessen: „Was soll's. Wenn es wichtig ist, taucht es zur richtigen Zeit wieder in meinen

Gedanken auf." Und was soll ich dir sagen: Genauso ist es, jedes Mal! Glaube versetzt eben doch Berge. Aber dazu später mehr auf Seite 33.

Das Langzeitgedächtnis: Wer hat dich zuerst geküsst?

Hat es eine Information auf ihrer Reise durch einen hochkomplexen, mehrstufigen Prozess bis in dein Langzeitgedächtnis geschafft, befindet sie sich schließlich an dem Ort deiner Großhirnrinde, wo all das sitzt, was du bisher in deinem Leben erfahren, erlebt und gelernt hast.

Eine wichtige Schnittstelle zur Überführung von Inhalten aus dem Kurz- in das Langzeitgedächtnis ist der Hippocampus. Er heißt so, weil er die gewundene Form eines Seepferdchens hat. Wäre er beschädigt, würdest du nichts Neues mehr behalten können. An Ereignisse aus deiner Kindheit, die schon lange vor der

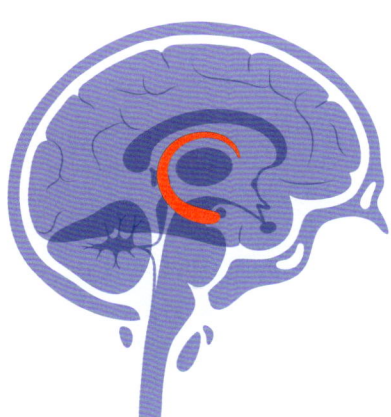

Auch tiefer liegende Strukturen gehören zum Großhirn: Hier der Hippocampus, der Gedächtnisinhalte vom Kurzzeit- ins Langzeitgedächtnis überführt.

Schädigung ins Langzeitgedächtnis gelangt sind, würdest du dich dagegen weiterhin erinnern können. Der Datentransfer in dein Langzeitgedächtnis gleicht übrigens der automatischen Installation eines nächtlichen Updates: Während du schläfst, werden die relevanten Daten überführt – natürlich nicht in Echtzeit, sondern wie bei einem Film, den du ganz schnell bis zu der für dich wichtigen Stelle vorwärtsspulst.

Im Langzeitgedächtnis erfreuen sich die neu eingegangenen Informationen eines großzügigen Zuhauses – ein riesiger dauerhafter Speicher, der viele Jahre und Jahrzehnte erhalten werden kann: Wer war der erste Bundeskanzler von Deutschland? Was hast du gerade gemacht, als du vom Einsturz der New Yorker Zwillingstürme des World Trade Centers erfahren hast? In welcher Stadt bist du geboren? Wer hat dich zuerst geküsst? Oder auch: Welcher Idiot hat dir so fies das Herz gebrochen? Wenn wir uns etwas wiederholt intensiv vergegenwärtigen, kommen Mechanismen ins Rollen, die dafür sorgen, dass neue Gedächtnisspuren angelegt werden.

Zu den Formen des Langzeitgedächtnisses gehört etwa das deklarative Gedächtnis, in dem Dinge, Menschen, Sachverhalte, Orte, Erlerntes und Ähnliches abgespeichert werden – entweder faktenbezogen oder ereignisbezogen. Besonders faszinierend: Die Erinnerung an eine bestimmte Person z. B. wird nicht etwa in einem einzigen Bereich abgelegt. Du musst es dir eher wie ein Puzzle vorstellen: Dein Gedächtnis setzt die verschiedenen Informationen zu Aussehen, Stimme und Sprache oder zu bestimmten Farben der Kleidung der Person aus den entsprechenden Gehirnarealen zu einem großen Ganzen – dem sensorischen Eindruck – zusammen. Und yippie, du erkennst denjenigen, der da vor dir steht. Man könnte auch sagen: Du hast nicht nur ein, sondern mehrere Gedächtnisse.

Zum Langzeitgedächtnis gehört auch das prozedurale oder implizite Gedächtnis. Dort werden deine motorischen Fertigkei-

> **!**
>
> Der Gehirn puzzelt gerne: Du hast nicht nur ein Gedächtnis, sondern mehrere Gedächtnisse.

ten wie Fahrradfahren oder Inlineskaten und liebgewonnene Gewohnheiten gespeichert. Fertigkeiten, die du ohne darüber nachzudenken automatisch einsetzen kannst. Sie befinden sich u. a. im Kleinhirn, das beispielsweise auch dafür sorgt, dass du im wahren Sinne des Wortes im Gleichgewicht bleibst.

Nobelpreis für das GPS im Gehirn

Hast du dich schon einmal gefragt, wie du einen Weg – ob zur Arbeitsstelle oder zu deiner Wohnung – immer wiederfindest? Für die Entdeckung des inneren Navigationssystems im menschlichen Gehirn, „für Entdeckungen von Zellen, die ein Positionierungssystem im Gehirn bilden", wurden 2014 drei Neurowissenschaftler mit dem Nobelpreis für Physiologie oder Medizin ausgezeichnet: der Brite John O'Keefe und die norwegischen Hirnforscher May-Britt und Edvard Moser.

O'Keefe hatte bereits 1975 die Ortszellen im Hippocampus von Ratten identifiziert, die immer dann aktiv waren, wenn sich das Tier an einer bestimmten Stelle im Raum befand. Andere Nervenzellen sendeten Impulse, wenn es sich an anderer Stelle aufhielt. Besonders viele dieser Zellen fand man auch bei Menschen, die sich mehr als alltagsübliche Wege merken müssen, wie z. B. Taxifahrer. Das Forscherehepaar Moser entdeckte 2005 das dazugehörige Koordinatensystem in der Hirnrinde: die Gitterzellen – also praktisch die Straßenkarte. Bei Alzheimer funktioniert das Positionierungssystem mitunter schon in frühen Stadien nicht mehr, weswegen Patienten sich beispielsweise verlaufen und umherirren.

Deine Welt ist nur deine

Eine Voraussetzung dafür, dass Inhalte im Langzeitgedächtnis ankommen, ist, dass dich die Informationen, die du deinem Gehirn als Futter vorsetzt, wirklich interessieren. Mit anderen Worten: Es bringt nichts, Inhalte zu pauken und dir merken zu wollen, die dir total auf den Keks oder gegen deine Überzeugung und

Lebensphilosophie gehen. Auch das kennst du wahrscheinlich: Da ist es wieder, das Sieb im Gedächtnis …

Nur mit der entsprechenden Aufmerksamkeit und Konzentration für das, was uns wirklich mit Kopf und Herz packt und neugierig auf mehr macht, startet der eigentliche Gedächtnisprozess. Wie höchst individuell das bei jedem von uns passiert, zeigt dieses Beispiel: Ein Paar fährt gemeinsam in den Urlaub und berichtet nach der Rückkehr beim Dinner mit Freunden. Sie: „Der Leuchtturm, das war einfach romantisch. Es hat mich an die Hochzeit meines Cousins erinnert, der seiner Frau in genau so einem Leuchtturm das Jawort gegeben hat." Er: „Was für ein Leuchtturm? Schatz, du musst dich irren, da war kein Leuchtturm. Wir waren doch an diesem Strand, um die Wakeboarder zu beobachten."

Wenn zwei das Gleiche tun, ist es noch lange nicht dasselbe. Jedem von uns ist etwas anderes wichtig, jeder hat eine andere Sichtweise und Wahrnehmung, verbunden mit einzigartigen Emotionen – und nicht zuletzt aufgrund der schon beschriebenen Denkpfade. Wenn du dir das immer wieder bewusst machst, wirst du schon alleine dadurch entspannter und toleranter durch die Welt gehen: Jeder Mensch, dem du begegnest, hat andere Überzeugungen und Glaubensmuster, die ihn leiten. Es gibt so viele verschiedene Welten, wie es Menschen gibt. Aus diesem Blickwinkel heraus betrachtet ist es eigentlich ein Wunder, dass wir Menschen überhaupt miteinander auskommen können.

> **!**
>
> Der erfolgreiche Gedächtnisprozess startet mit der Lust auf den Inhalt.

Das limbische System

Dein Gehirn steuert emotionale Zustände übrigens aus tiefer liegenden Strukturen: dem limbischen System. Dieses legt sich ringförmig wie ein Flaschenhals um deinen Hirnstamm. Wichtige Strukturen des limbischen Systems sind u. a. der schon erwähnte Hippocampus, die Amygdala – auch Mandelkern genannt – und die für die Feinabstimmung deiner Bewegung zuständigen Basal-

ganglien. Der Job dieser Strukturen ist enorm verantwortungs-
voll: Es muss permanent bewertet werden, welche Ergebnisse aus
einem bestimmten Verhalten resultieren. Oberstes Ziel: Selbst-
schutz – also das Überleben deines Organismus zu sichern. Bei
jeder neuen Wahrnehmung werden deswegen alte Ergebnisse
aufgerufen, mit der neuen Erfahrung verglichen und wieder neu
in das System eingeordnet.

Die zentrale Verarbeitung von Gefühlen kommt dem Mandelkern zu, insbesondere, wenn es um Angst und Furcht, quasi das
nackte Überleben geht. Alle eingehenden Informationen werden
vom Mandelkern sorgfältig daraufhin überprüft, ob sie womöglich eine Gefahr für dich darstellen. Beispiel: Bei großem Stress
leitet der Mandelkern die darauffolgenden Reaktionen wie An-
griff oder Fluchtverhalten ein. Oder auch – bei angenehmen
Überraschungen – warme und starke positive Gefühle wie Freude
oder Lust. Unterm Strich entscheidet sich im limbischen System
auf der Basis dieser kraftvollen Gefühle und gemachter Erfahrungen, was sich für dich lohnt, dauerhaft behalten zu werden (z. B.
das Erreichen eines bestimmten Ziels wie ein neuer Job, eine
neue Wohnung usw.).

Du erinnerst dich: Erfolgreiche Gedächtnisprozesse resultieren aus Inhalten, denen wir unsere volle Aufmerksamkeit – mit
Lust und Interesse – entgegengebracht haben. Damit ist das limbische System vereinfacht gesagt auch Garant dafür, dass Wissen
– mit Hilfe des Hippocampus – seinen Weg vom Kurzzeit- ins
Langzeitgedächtnis nimmt, im richtigen Zusammenhang abgespeichert wird und auch wieder erinnert werden kann (siehe Seite 20). Etwas wiedererkennen oder wiederfinden, sich im Raum
orientieren und zurechtzufinden, all das ermöglicht ebenfalls das
limbische System.

!

Das limbische
System verarbeitet
Fakten, hilft
Erinnerungen auf
die Sprünge und
vermittelt Emotio-
nen.

BRAIN INFLUENCER: WAS GEDANKEN DENKEN LÄSST

Dein Gedächtnis bestimmt nicht nur dein Denken und Handeln im Hier und Jetzt, sondern auch deine Wahrnehmung in der Zukunft. Wie diese Wahrnehmung ausfällt, unterliegt von Geburt an einer Fülle von Einflussfaktoren wie Geschlecht, Schlafqualität, Angst und Stress, Miteinander und Gemeinschaft. Annahmen und Glaubenssätze, Überzeugungen oder auch Vorurteile programmieren dich zudem auf eine bestimmte Sicht der Welt. Leider lassen sie dich aber auch Dinge übersehen, so dass du mitunter dein Potenzial nicht optimal ausschöpfst und hinter deinen Möglichkeiten zurückbleibst. Werde dir einiger grundlegender Aspekte bewusst, die dein Gehirn und seine Stärke beeinflussen. Auf den nächsten Seiten stelle ich sie dir vor.

„Nicht die Umstände bestimmen des Menschen Glück, sondern seine Fähigkeit zur Bewältigung der Umstände."

Aaron Antonovsky (Soziologe, 1923–1994)

Lernfähig in jedem Alter

Die Gehirnmasse eines Babys wächst im ersten Lebensjahr von circa 250 auf 750 g an, sie wächst also mit einer enormen Geschwindigkeit. Wissenschaftler gehen davon aus, dass das komplexe Netzwerk Gehirn dennoch erst im Alter von etwa 25 Jahren ausgereift ist bzw. den Höhepunkt seiner geistigen Leistungsfähigkeit erreicht. Allerdings: Bereits als Dreijähriger bevorzugt der Mensch für seine weitere Reifung bestimmte Denkbahnen, die er bereits gelernt hat, und die ihn tief greifend geprägt haben. Schon das Kleinkind ist also nicht mehr, wie oft angenommen wird, für alle Reize uneingeschränkt offen.

Intelligenz ist flüssig

!

Dass es im Alltag reibungslos läuft, ist der Job deiner „flüssigen Intelligenz".

Die gute Nachricht: Im gesamten Lebenszyklus werden permanent neue Synapsen gebildet und damit verschiedene Gehirnareale immer wieder neu verknüpft. Dein Gehirn kann also in jeder Lebensphase kompetent und fit „im Amt" bleiben. „Das Gehirn ist grundsätzlich in jedem Alter lernfähig", bestätigt Gedächtnistrainerin Kirsty Meyer. „Sogar bei fortgeschrittener Demenz hat man festgestellt, dass immer noch ein Lernen möglich ist." Vor allem die sogenannte fluide, die „flüssige" Intelligenz profitiert dabei offensichtlich generell von Bewegung und ausreichend körperlicher Aktivität (siehe Seite 116).

Fluide und kristalline Intelligenz

Diese beiden Begriffe aus der Psychologie beschreiben zwei Formen der kognitiven Leistung:

- Fluide Intelligenz bedeutet eine hohe Auffassungsgabe: wie schnell du neue Situationen verstehst, Informationen verarbeiten und reagieren kannst. Wir benötigen sie aber auch für intuitives adäquates Handeln, wenn wir uns etwa auf vollkommen unbekanntem Terrain befinden. Oder für die Fähigkeit, ohne Zögern das für uns Wichtige vom Unwichtigen zu trennen. Auch mehrere Dinge parallel auszuführen und koordinieren zu können, verdanken wir „fluider Intelligenz". Ein Beispiel: Beim Treppensteigen gleichzeitig in der Tasche nach dem Wohnungsschlüssel zu suchen, ist für viele selbstverständlich. Im Alter können derartige Doppelaufgaben jedoch zu Gangunsicherheit oder sogar Stürzen führen, wenn die fluide Intelligenz nicht regelmäßig trainiert wird.

- Kristalline Intelligenz nimmt mit den Jahren zu und kann jungen unerfahrenen Gehirnen den Rang ablaufen. Die „kristalline Intelligenz" ist dein riesiger Erfahrungsschatz erlernten Wissens, ein unverzichtbarer Informationsspeicher und Expertenwissen, das sich u. a. in beeindruckender sprachlicher Gewandtheit und Ausdrucksstärke äußern kann.

Generell gilt: Um die fluide Intelligenz zu erhalten, sollte sie im Idealfall ab dem dritten Lebensjahrzehnt regelmäßig trainiert werden. Dass sich bei entsprechend guten Bedingungen die Gedächtnisleistungen bei auch ansonsten gesunden Menschen mit den Jahren nicht erheblich verschlechtern, bestätigen wissenschaftliche Untersuchungen.

Die Gedächtnisleistungen eines 80-jährigen Menschen sind besser als die eines Neunjährigen.

Schluss mit Mythen

Erfahrung und Weisheit kann oft Defizite in anderen Bereichen wettmachen. Zwar verändern sich Gedächtnisleistungen, können jedoch z. B. bei einem 80-jährigen Menschen besser als bei einem Neunjährigen sein, wenn auch schlechter als bei einem 30-Jährigen. Dennoch: Dachte man früher, ein geistiger Abbau oder Gedächtnisstörungen seien unausweichliches Schicksal, ist die Wissenschaft heute weiter. Der Facharzt für Psychiatrie und Psychotherapie Matthias W. Riepe formulierte es so: „Karies ist im Alter noch häufiger. Doch niemand hat je gedacht, dass Karies zum physiologischen Alterungsprozess gehört." Oder hat dich schon einmal jemand auf Alterskaries angesprochen? Ein treffender Vergleich, wenn man bedenkt, dass die Variabilität von Gedächtnisleistungen, die „kristalline Intelligenz", bei reiferen Menschen sogar größer ist – sofern nicht andere Erkrankungen vorliegen, die ihrerseits das Gedächtnis beeinflussen können, beispielsweise Infektionen, Durchblutungsstörungen oder Stoffwechselerkrankungen. Fakt ist: Insgesamt gehen etwa 20 bis 25 Prozent aller Hirnleistungsstörungen auf mehr als nur eine Ursache zurück.

> **!**
>
> 20 bis 25 Prozent aller Hirnleistungsstörungen gehen auf mehr als nur eine Ursache zurück.

Demenz und Vitamin D

Zu den neurodegenerativen Erkrankungen, die mit einem Verlust von Nervenzellen und Zellfunktionen einhergehen, gehört neben der Parkinson-Krankheit (die vor allem durch einen Mangel an Dopamin hervorgerufen wird, ein Botenstoff, der Signale von einer Nervenzelle auf eine andere überträgt) auch die Demenz. Diese beschreibt ein Syndrom, das verschiedene Ursachen haben kann. Die Alzheimer-Krankheit ist für das Auftreten von Demenzsymptomen mit 60 bis 70 Prozent die häufigste Ursache.

In Deutschland leben gegenwärtig rund 1,7 Millionen Menschen mit Demenz, die meisten sind von Alzheimer betroffen. Die Wahrscheinlichkeit für Demenz steigt mit den Lebensjahren:

Sind in der Altersgruppe von 70 bis 74 Jahren noch unter vier Prozent betroffen, so sind es bei den 80- bis 84-jährigen bereits mehr als 15 Prozent, bei den über 90-jährigen sogar 41 Prozent. Die Deutsche Alzheimer Gesellschaft weist darauf hin, dass in Einzelfällen auch unter 65-Jährige erkranken können.

Charakteristisch ist der langsam fortschreitende Untergang von Nervenzellen und Nervenzellverbindungen, wobei Gehirne von Alzheimer-Erkrankten typische Eiweißablagerungen (Amyloidplaques) zeigen. Die Symptome wie Sprachstörungen oder Probleme im Denken oder der Orientierung sind unterschiedlich stark ausgeprägt. In jedem Fall machen sie jedoch ein normales Alltagsleben immer schwieriger. Ursächlich sind genetische Faktoren bekannt. Eine große Rolle spielt zudem der Lebensstil: Ernährung, ausreichend Bewegung und auch soziale Kontakte und das Eingebundensein in Beziehungen, in denen Menschen sich wohl- und geborgen fühlen. Ein weiterer ursächlicher Aspekt, der zunehmend die wissenschaftliche Aufmerksamkeit auf sich zieht, könnte auch ein Vitamin-D-Mangel sein.

Vitamin D ist eigentlich ein Hormon, das du sicherlich hinsichtlich seiner Bedeutung für starke Knochen kennst. Es steht aber auch für kräftige Muskeln, eine gute Immunabwehr, gesunde Blutgefäße und sogar strahlend gute Laune. Wissenschaftler der Universität Exeter fanden Hinweise darauf, dass zu niedrige Vitamin-D-Konzentrationen auch das Demenzrisiko erhöhen. An den Nervenzellen im Gehirn wurden Vitamin-D-Rezeptoren gefunden. Vitamin D wiederum (bzw. seine biologisch aktive Form Calcitriol) beeinflusst offensichtlich die Produktion bestimmter Wachstumsfaktoren für die Nerven. Weitere Studien weisen darauf hin, dass Vitamin D im gesamten Zentralnervensystem vielfältige Funktionen hat.

Ob Mensch oder Katze – alle Wirbeltiere synthetisieren Vitamin D mithilfe des UV-Lichts in ihrer Haut. Beim Menschen geht die natürliche Fähigkeit zur Eigensynthese im Alter um bis zu 75

Prozent zurück. Auch kann die Umwandlung des sehr geringen Vitamin-D-Anteils, der über die Nahrung zugeführt wird (z. B. aus Makrele, Kalbsleber, Eiern, Briekäse oder Shiitake-Pilzen), mit zunehmenden Lebensjahren aufgrund von Vorerkrankungen gestört sein.

Was sagt dein Vitamin-D-Status?

Fehlt Vitamin D, macht das zumeist keine spürbaren Symptome. Deswegen solltest du deinen Vitamin-D-Wert jährlich überprüfen lassen. Allgemein anerkannter Parameter ist eine 25-OH-D-Messung (25-Hydroxy-Vitamin-D3). Die kritische Untergrenze liegt bei 20 ng/ml. Anzustreben sind Werte zwischen 50 und 75 ng/ml. Da es bei niedrigeren Werten bis zu drei Monate dauern kann, bis die körpereigenen Speicher wieder aufgefüllt sind, können auch im Sommer Nahrungsergänzungen sinnvoll sein.

Die von verschiedenen Fachgesellschaften empfohlene Dosis für Vitamin-D-Präparate liegt bei 800 bis 2.000 IE täglich. Im Unterschied zu Tabletten und Kapseln muss der Körper bereits bioaktive Emulsionen in Tropfenform nicht mehr umwandeln. Sie werden direkt über die Lymphe aufgenommen, wie eine vergleichende Studie an der Universität München zeigte. Zudem ist die flüssige Anwendungsform von Vitamin-D-Tropfen besonders für ältere Menschen mit Schluckbeschwerden und auch für Kinder praktikabel.

Zauberwort Empathie

Dein Gehirn liebt nicht nur bunte Abwechslung. Es möchte auch ausgiebig in sozialen Kontakten baden. Ist dein Gehirn in ein entsprechendes lebendiges Netzwerk eingebunden, ist die Motivation besonders groß, zu lernen und sich ein Leben lang weiterzuentwickeln. Sozial von anderen abgekapselt zu sein, empfinden wir dagegen eher als Strafe, die automatisch auch zulasten der Gedächtnisstärke geht. Die Lösung: ein uneingeschränktes Miteinander der Generationen, wie es beispielsweise in südlichen Ländern und anderen Kulturen ganz selbstverständlich praktiziert wird.

Mach dir an dieser Stelle bitte noch einmal bewusst, dass viele Begrenzungen, die dich daran hindern, deine Potenziale voll auszuschöpfen und die beste Version deiner selbst zu werden, oft nur in deinem Kopf existieren und hausgemacht sind. Bezogen auf deine grauen Zellen heißt das: Im echten Gespräch (nicht über dein Smartphone & Co.!) oder in der lebhaften Diskussion sind deine Nervenzellen besonders aktiv. Das lässt sich auch gezielt ausnutzen.

Übe dich z. B. öfter im aktiven Zuhören und greife auf diese Weise auf deine natürliche Empathiefähigkeit zurück. Das kann deine Wahrnehmung deutlich steigern. Beim aktiven Zuhören geht es darum, sich im persönlichen Gespräch uneingeschränkt auf das Gegenüber einzulassen, Blickkontakt zu halten und mit der eigenen Meinung eher zurückhaltend zu bleiben. Bleib stattdessen neugierig und frage bei Unklarheiten nach. Wiederhole Aussagen mit deinen eigenen Worten und beobachte, wie diese inhaltlichen Wiederholungen das gesamte Gespräch verändern und lenken können. Versuche auch die Gefühle des anderen zu erkennen und diese gegebenenfalls anzusprechen. Natürlich solltest du immer auch auf deine eigenen Gefühle achten. Aber beispielsweise auch geduldig bleiben und den anderen ausreden lassen – auch wenn das mal schwerfällt.

Übst du dich auf diese Weise regelmäßig in Empathie, stellt das nicht nur ein hervorragend buntes Festival für deine Synapsen dar. Du tauchst auf diese Weise auch in die hohe Kunst der Achtsamkeit ein, die deinen Geist klären und dich insgesamt gelassener machen kann.

!

Aktives Zuhören kann die Gedächtnisleitung verbessern und dir zu neuer Achtsamkeit verhelfen.

Der kleine Unterschied

Apropos Empathie: Kommen wir zum Unterschied zwischen den Geschlechtern. Eine Region in deinem Gehirn, die das weibliche bzw. männliche Sexualverhalten beeinflusst, ist dein Hypothalamus, ein Gehirnareal im Zwischenhirn. Diese Schaltzentrale reguliert u. a. auch deinen Wärme- und Wasserhaushalt, koordiniert deinen Blutdruck und steuert die Produktion von Hormonen. Untersuchungen der 1990er-Jahre gehen wiederum davon aus, dass nicht nur die Sexualität, sondern auch typisch männliche oder typisch weibliche Verhaltensweisen durch Hormone gelenkt werden. Die kanadische Neuropsychologin Doreen Kimura (1933–2013) hat in diesem Zusammenhang Tests zu bestimmten kognitiven Leistungen durchgeführt. Demnach unterscheiden sich Männer und Frauen in der Art, wie sie intellektuelle Probleme lösen. Frauen, so Kimura, sind in verbalen und feinmotorischen Aufgaben überlegen, wohingegen Männer bei spezifischen räumlichen Aufgaben besser abschneiden. Das kann zwar nicht pauschal gelten, weil auch Emotionen, Motivationen und unsere Sozialisation einen großen Einfluss haben und unsere höchst individuelle Auseinandersetzung mit der Umwelt Verhalten verändern kann. Spannend sind diese Ergebnisse dennoch.

Wie Annahmen Ergebnisse bestimmen

Wie stark Gefühle und Vorannahmen Gedächtnisleistungen beeinflussen, zeigen weitere Studien, die sich damit beschäftigen, wie bedeutsam die emotionale Haltung und soziale Prägung für deinen Lernerfolg ist. Ein Phänomen, dem Ilan Dar-Nimrod von der Universität Sydney und der Kulturpsychologe Steven J. Heine von der Universität British Columbia in Vancouver nachgingen. Im Fokus dieser Studie stand der Aspekt des „stereotype threat", wörtlich übersetzt die stereotype Bedrohung, nach der Mitglieder einer sozialen Gruppe exakt die Vorurteile erfüllen, die sie durch die Außenwelt diktiert bekommen. Ein Teil der Probandinnen wurde vor dem Lösen mathematischer Aufgaben mit einem entsprechenden Text zur Leistungsfähigkeit oder besser gesagt -unfähigkeit ihres Geschlechts konfrontiert. Im Fall der Studie handelte es sich um ein Vorurteil dieser Art: „Frauen können genetisch bedingt keine Mathematik, und wenn überhaupt, dann nur wesentlich schlechter als Männer."

Und tatsächlich: Frauen, die derart negativ beeinflusst an die Rechenaufgaben herangingen, schnitten signifikant schlechter ab – wobei Frauen, die über genetische Unterschiede gelesen hatten, noch schlechter waren als jene, die „nur" über soziale Unterschiede der Geschlechter gelesen hatten. Eine weitere Frauengruppe, die einen Aufsatz darüber zu lesen bekam, dass es generell keine mathespezifischen Unterschiede zwischen Männern und Frauen gibt, schnitt – du ahnst es bereits – deutlich besser ab. Fazit der Studie: „Unsere Ergebnisse legen nahe, dass Menschen genetische Erklärungen als so mächtig und geradezu unumstößlich akzeptieren, dass sie zu sich selbst erfüllenden Vorhersagen werden [...]. Empirische Untersuchungen jedoch erlauben den Frauen zu sagen, dass dieses Stereotyp nicht auf sie zutrifft." Oder anders gesagt: Ob wir Sachverhalte und bestimmte Situationen bewältigen können – im Beruf wie im Alltag –, hängt entscheidend von unserer grundsätzlichen Meinung über uns selbst und der Schlagkraft unserer Fähigkeiten ab.

!

Überzeugt sein, etwas gut lösen zu können: Starke Haltung stärkt auch das Leistungsvermögen.

Was du willst, das kannst du auch!

Der Glaube versetzt also doch (Gedächtnis-)Berge. Und Kalendersprüche der Art „Wichtiger als das, was andere über dich denken, ist das, was du selbst über dich denkst" sind alles andere als nur Sprüche. Wenn du permanent an deinen (Gedächtnis-)Fähigkeiten zweifelst oder zu viel auf die Meinungen anderer über dich und deine Fähigkeiten gibst, dann kann das zu einer Stolperfalle in Form einer sich selbst erfüllenden Prophezeiung, der „self-fulfilling prophecy", werden. Das ist quasi ein neuer Trampelpfad in deinem Gedächtnis, der dich aber leider in die deinem Ziel entgegengesetzte Richtung führt.

Deswegen ein weiterer Tipp für dein Gedächtnistraining: Solltest du wieder einmal im Teufelskreis des Selbstzweifels landen, dann beginne damit, solche Situationen achtsam wahrzunehmen und vorzusorgen. Lege dir für solche Momente z. B. einen Anker zurecht, einen Leitsatz, der deinen Glauben an deine Fähigkeiten ausdrückt. Ein Beispiel: „Ich finde es großartig, dass ich über alle Wege, Mittel und Fähigkeiten verfüge, um erfolgreich zu sein." Lass dir Zeit, den für dich passenden Satz zu formulieren – und mache ihn sichtbar: ob auf dem Schreibtisch oder am Spiegel im Flur.

Seelenpflege ist Gehirnpflege! All das heißt natürlich nicht, dass wir uns nicht immer wieder kritisch hinterfragen sollten, um uns weiterzuentwickeln. Doch braucht eine gute Leistungsfähigkeit den Nährboden der Selbstwirksamkeit. Deine bejahende Grundeinstellung sollte sein: „Was ich will, das kann ich auch." Mit Übungen aus der Mind-Body-Medizin (MBM) kannst du das individuell entwickeln. MBM ist ein noch junges Wissenschaftsgebiet und basiert auf Erkenntnissen der Medizin, Neurobiologie und Verhaltenspsychologie. Es geht von dem untrennbaren Zusammenhang zwischen Körper, Geist und Seele aus und zielt darauf ab, die gesundheitsfördernden Potenziale ganzheitlich zu stärken, die in jedem von uns von Natur aus vorhanden sind. Gearbeitet wird u. a. mit Entspannungsverfahren, darunter Yoga, Qi Gong, Meditation oder Atemtherapie und Hypnose.

Mind-Body-Medizin (MBM)

MBM wird synonym auch oft als integrative Medizin bezeichnet. Sie schlägt als Stressmanagement-Medizin eine ganzheitliche Brücke zwischen Schulmedizin und Naturheilkunde und rückt deine Eigenkompetenz in den Mittelpunkt. Durch positive, die Gesundheit fördernde Verhaltensweisen und Denkprozesse soll inneres und äußeres Gleichgewicht erreicht, die Widerstandskraft und Selbstheilungskräfte gestärkt werden.

Mind-Body-Medizin ist nicht zu verwechseln mit der psychosomatischen Medizin. MBM schaut auf das positive Potenzial in dir, um es für deine Gesundheit und dein Wohlbefinden therapeutisch nutzbar zu machen und deine natürlichen Ressourcen auszuweiten. Dass jeder von uns die Fähigkeit zu Selbsterkenntnis und Selbsthilfe hat, bildet dabei die Basis.

MBM-Begründer Herbert Benson, ein amerikanischer Kardiologe, entdeckte z. B. die „relaxation response", eine durch Entspannung geprägte physiologische Antwortreaktion des Körpers, die sich u. a. auch in einer Beruhigung der Gehirnaktivitäten zeigt. Weitere Studien belegten die Effekte auch von Achtsamkeit und Meditation auf funktionelle wie strukturelle Veränderungen im Gehirn, wovon Aufmerksamkeit und Gedächtnisleistung deutlich profitierten.

Macht Stress dumm?

Wie der Stressreport Deutschland 2012 ergab, berichten vor allem Frauen von belastenden Multitasking-Anforderungen im Job. Entsprechend oft empfinden sie ihren Gesundheitszustand negativer als Männer. Zusätzlich gaben bei der Stressstudie der Techniker Krankenkasse 2016 rund 48 Prozent der Frauen an, dass die eigenen Ansprüche an sich selbst sie enorm unter Druck setzen: Sowohl im Job als auch zu Hause gefühlt immer perfekt abliefern zu müssen, macht dem weiblichen Geschlecht offen-

!

Ständig erreichbar sein zu müssen, macht vor allem Männern zu schaffen.

!

Dauerstress kann negativ auf Organismus und Gehirn wirken.

sichtlich häufig zu schaffen. Männer stresst vor allem die ständige Erreichbarkeit, sie sehen in Smartphones und den sozialen Medien die größte Stressbelastung.

Assoziationsblockade durch Multitasking

Die sich ständig verändernden Bedingungen der Arbeitswelt sind für unser Gedächtnis eine irrsinnige Herausforderung. Stress begleitet unser Leben, damit müssen wir uns wohl abfinden. Doch Forschungen der Ruhr Universität Bochum konnten zeigen, dass Stress, vermittelt durch das Stresshormon Kortisol, tatsächlich den Gedächtnisabruf blockieren kann. Das heißt: Die Information ist zwar im Gehirn vorhanden, aber wir kommen im entscheidenden Augenblick nicht an sie heran. Der Grund: Unter Stress befindet sich dein Organismus im Überlebensmodus. Die Wissenschaft spricht hier von einer Assoziationsblockade.

Beobachten lässt sich, dass sich unter Stress unsere Augenbewegungen verändern, wie der Pädagoge und Pionier im Bereich der angewandten Hirnforschung Paul E. Dennison herausfand: Die Augen suchen seitlich die Peripherie nach Gefahren ab, was zentrales Fokussieren, sprich das Konzentrieren und auch Verstehen enorm verschlechtert. Solche stressverursachten Abrufblockaden können auch mitverantwortlich für einen Blackout sein – in der Prüfung, im Bewerbungsgespräch oder Meeting, auf das man sich stundenlang vorbereitet hat.

Dass im Unterschied dazu positive Hormonreaktionen – empfundene Freude und Erfolgserlebnisse – das Denken im wahren Wortsinn befreien und Denkblockaden auflösen können, beschrieb der Systemforscher und Experte für vernetztes Denken Frederic Vester (1925–2003) bereits in den 1970er-Jahren in seinem Bestseller *Denken, Lernen, Vergessen*: „Neugier und Entdeckerlust stärken die Motivation. […] Die Aufmerksamkeit wird wachgehalten, und die im Ultrakurzzeitgedächtnis verarbeiteten Wahrnehmungen (sowohl die neu angekommenen als auch die aus Assoziation entstehenden) werden laufend durch das Kurzzeitgedächtnis abgerufen, welches dann im Laufe der weiteren Verarbeitung seinen Inhalt an das Langzeitgedächtnis abgibt."

Biologisch lässt sich das so erklären: Die gleichen anatomischen Strukturen, die bloßes Faktenwissen verarbeiten, sind auch für Gefühle zuständig: das limbische System (siehe Seite 22). Was Vester im Übrigen auch forderte und weiterhin gilt: „Unsere Schule kann und darf heute nicht zum Ziel haben, bloßes Wissen einzutrichtern, um lediglich irgendwelchen aus den Fingern gesogenen Stoffanforderungen zu genügen." Dem ist wohl nichts hinzuzufügen.

Kein Ersatz fürs Lernen: digitale Medien

Insbesondere die oft viel gepriesene Multitasking-Fähigkeit steht inzwischen selbst bei Fachleuten in der Kritik: Studien haben gezeigt, dass Multitasking, also mehrere Dinge gleichzeitig zu tun oder wenigstens im Blick zu haben, zu einer nachlassenden Leistungsfähigkeit des Gehirns führt. Dennoch werden Multitasker häufig bewundert, weil ihnen scheinbar viele Tätigkeiten gleichzeitig leicht von der Hand gehen. Untersuchungen belegen jedoch, dass Multitasker vergleichsweise auch schneller abgelenkt werden und äußere Einflüsse weniger effizient verarbeiten können als Menschen, die sich von vornherein auf nur eine Sache konzentrieren.

In der Reihe *Geist & Gehirn* des Senders BR alpha sagte der Ulmer Neurowissenschaftler und Psychiater Manfred Spitzer im Jahr 2010 dazu: „Sie können sich eine Aufmerksamkeitsstörung antrainieren, wenn Sie noch keine haben. Sie müssen nur ganz oft versuchen, alles Mögliche gleichzeitig zu machen." Eine logische Konsequenz und Forderung formulierte die Neurobiologin Gertraud Teuchert-Noodt im Fachmagazin *Umwelt Medizin Gesellschaft* (4/2017): „Auch und gerade aus Sicht der aktuellen Erkenntnisse zu den Leistungsfähigkeiten und den Grenzen des

menschlichen Gehirns ist es gesellschaftspolitisch dringend er-
forderlich, humane Arbeitsplätze im digitalen Zeitalter neu zu
definieren und den neuronalen Kapazitäten der Arbeitnehmerin-
nen und Arbeitnehmer anzupassen."

!

**Digitale Medien
können das
selbstständige und
aktive Denken nicht
ersetzen.**

Schon allein unter genetischen Aspekten ist dein Gehirn auch
nicht darauf eingestellt, seine Fähigkeiten alleine per Apps „im-
plementieren" zu können, so die Forscherin. Besonders problematisch sieht das Teuchert-Noodt für die kindliche Gehirnent-
wicklung: „Wenn Computer und Tablets das Lernen des Grund-
schulkindes bestimmen, dann erleiden die reifenden Nervennetze
[…] des Großhirns durch neuronale Überaktivierung eine Notrei-
fung. Damit findet die Vorbahnung von differenzierten Verknüpfungen nicht statt, die zeitlebens eine notwendige Grundlage für
das Denken ist." Ein weiteres Problem: „Medienuser setzen in
ihrem Gehirn Teile der Steuerzentrale (das Stirnhirn, siehe Seite
10) außer Kraft. Attackiert werden speziell diejenigen Subsyste-
me, die für die Gedächtnisbildung und die kognitiv-emotionalen
Leistungen verantwortlich sind. Das kann zum Verlust der Urteilsfähigkeit führen, ein Angst- und Suchtsyndrom, Burn-out
und Depression auslösen." Immerhin: Hirnrhythmusstörungen
haben sich zur Volkskrankheit Nummer eins ausgewachsen, so
ein Appell der Wissenschaftlerin. Denken und Erinnern könne
nur durch selbstständiges Lernen und durch Gedächtnisübungen
erworben werden: „Erst Lerninhalte, die man durch Kopfarbeit
aktiv und wiederholt aufnimmt und in Funktionsmodulen des
Kortex verankert, hinterlassen ein lebendiges geistiges Konzept,
schulen Wachheit und Neugierde, kreatives Denken und Bewusstsein." Ob Groß oder Klein – es hat demnach offensichtlich
durchaus auch seine Vorteile, das Smartphone mal links liegen zu
lassen.

Wenn Angst uns lähmt

Auch starke Emotionen wie Angst haben Einfluss auf unsere Gedächtnisleistung. Angst mag dein Gehirn überhaupt gar nicht. Das Angstgedächtnis funktioniert ähnlich wie das Schmerzgedächtnis. Das bedeutet, Angst, die uns anscheinend urplötzlich überfällt – vor dem Hund im Park oder dem Schatten in einer unbelebten Straße –, basiert auch auf spezifischen Veränderungen der Gehirnstruktur, die zum Teil genetisch angelegt sind. Das heißt: Wir haben eine mehr oder weniger große angeborene – also unabhängig von selbst gemachten Erfahrungen in uns verankerte – Bereitschaft, uns vor gewissen Dingen zu fürchten. Menschen mit einem solch ängstlich-scheuen Charakter verhalten sich gehemmt, sind innerlich eher angespannt und schütten mehr Stresshormone aus als andere. Dies wiederum begünstigt eine erhöhte Angstbereitschaft in Alltagssituationen. Situationen, in denen dein Gehirn ebenso wie unter Stress lieber auf Autopilot schaltet. Studien zufolge sind rund 20 Prozent aller Kinder eines Jahrgangs von Haus aus eher ängstlich-scheue Charaktere.

Du folgst also sowohl angeborenen als auch erlernten stereotypen Mustern, wenn du Angst hast. Beispiel: Selbst wenn du dir vornimmst, beim nächsten nicht angeleinten Hund im Park gelassen zu bleiben, wird dir das nur durch guten Vorsatz aller Voraussicht nach nicht gelingen. Dein Autopilot ist stärker. Er blockiert dein freies Denken und Handeln, weil er es (zu) gut mit dir meint. Die gute Nachricht: Umgekehrt können positive Emotionen und Gefühle – je mehr positive Erfahrungen du z. B. mit nicht angeleinten Hunden machst – eine Veränderung in Gang setzen wie auch die Gedächtnisleistung in solchen Situationen und das freie Assoziieren beflügeln.

!

Positive Emotionen und Glücksgefühle – auch für dein Gehirn ein Lebenselixier.

Guter Schlaf für junge Hirnzellen

Noch etwas hat Einfluss auf unsere Gedächtnisleistung: Etwa jeder vierte Deutsche leidet unter chronischen Schlaf-Wach-Störungen. Der Mangel an Schlaf kann unsere Leistungsfähigkeit ebenso stark beeinträchtigen wie etwa Alkoholkonsum. Solange wir ruhen, verarbeitet das Gehirn alles, was wir am Tag erfahren oder gelernt haben. Ohne Schlaf würden wir also vieles rasch vergessen, wie auch eine Untersuchung der Duke-NUS Graduate Medical School in Singapur bestätigt. Fazit der Forscher: Schlafmangel lässt unser Gehirn schneller altern.

Die Nacht kehrt deine Denkstraßen

In der Nacht schafft der Organismus schädliche Stoffwechselprodukte im Gehirn weg. Es wird quasi aufgeräumt, was sich im Tagesverlauf angesammelt hat. Die Denkstraßen werden gekehrt, damit du sie am nächsten Tag wieder gut begehen kannst. Dabei ist insbesondere die Schlafqualität entscheidend, denn während du schläfst wechseln sich Tiefschlaf- und Traumphasen – auch als REM-Phasen bekannt – ab. Je weiter der Morgen naht, desto mehr nehmen die Tiefschlafphasen ab, die Traumphasen werden länger. Dein Gedächtnis profitiert vor allem von den Tiefschlafphasen in den ersten vier bis fünf Stunden des Schlafes. In dieser Zeit werden große Mengen an Wachstumshormonen ausgeschüttet. Sie haben, wie auch das bekannte Schlafhormon Melatonin, schlaffördernde Wirkung. Ihre wichtigste Aufgabe: Zellerneuerung und Erholung. Doch auch für die Blutbildung und Wundheilung sind sie mit verantwortlich. Schlafen wir durch, kommt das also entscheidend auch deinem Immunsystem zugute.

Wie du schon weißt, verfestigen sich im Schlaf neue Gedächtnisinhalte, die vom Hippocampus aus dem Arbeits- in das Langzeitgedächtnis übertragen werden. Dieser Prozess beginnt bereits etwa 15 Minuten nachdem du eingeschlafen bist. Guter Schlaf fördert zudem deine Kreativität: Womöglich erwachst du mit der Lösung für Probleme, die du am Abend zuvor erfolglos gewälzt hast. Eine weitere Studie zeigte: Auch bestimmte Ablagerungen im Gehirn, die beispielsweise Alzheimer verursachen können, werden im Schlaf doppelt so schnell abtransportiert wie im Wachzustand.

Was bei alledem leider nicht funktioniert: vor einer wichtigen Prüfung oder einem Termin nur das Buch unters Kopfkissen zu legen, ohne es zuvor gelesen zu haben. Wissenschaftlich gesichert aber ist: Wer nachmittags oder abends lernt und nach dem Lernen schläft, erinnert sich besser an den gepaukten Stoff. Untersuchungen sind der Frage nach dem Lernen im Schlaf inzwischen etwas auf die Schliche gekommen. Offensichtlich ist der Mensch über den Einfluss von Tönen und Gerüchen sehr wohl im Schlaf lernfähig. Flavio Schmidig, Simon Ruch und Katharina Henke vom Institut für Psychologie an der Universität Bern berichteten in *UniPress,* dass Teilnehmer eines Raucherentwöhnungsprogramms ihren Nikotinkonsum reduzierten, nachdem ihnen im Schlaf wiederholt der Duft ihrer geliebten Zigarette gefolgt von übelfauligem Gestank präsentiert wurde. Inwieweit auch konkrete Informationen, etwa eine Fremdsprache, im Schlaf erlernt werden können, ist noch zu erforschen.

Die theoretische Grundauffassung von Schlaf als einem von der Außenwelt komplett abgeschirmten Zustand scheint dennoch bereits „unhaltbar", so das Fazit der Berner Forscher. Ebenso das Wachbewusstsein als zwingend notwendige Voraussetzung für Lernen. Der Traum vom Buch unter dem Kopfkissen darf also zumindest weitergeträumt werden.

! Schon wieder pauken? Wer abends büffelt, erinnert sich besser an den gelernten Stoff.

! Wenn du schläfst, werden die Denkstraßen gekehrt, damit du sie am nächsten Tag wieder gut begehen kannst.

Das hilft deinem guten Schlaf

1. Geh immer zur gleichen Zeit zu Bett und steh stets zur gleichen Zeit auf (auch am Wochenende).
2. Nutze unmittelbar nach dem Aufstehen helles Licht.
3. Gehe täglich mindestens 30 Minuten an die frische Luft und bewege dich.
4. Vermeide tagsüber verlockende Nickerchen (vor allem bei Ein- und Durchschlafstörungen).
5. Nimm Mahlzeiten stets zur gleichen Uhrzeit ein (Pause zwischen den Mahlzeiten: vier bis fünf Stunden), die letzte solltest du bis 19 Uhr genossen haben.
6. Verzichte vor dem Einschlafen auf Stimulanzien wie Alkohol.
7. Sorge für ein gutes Schlafklima (z. B. ohne Elektrosmog und hohen Blaulichtanteil durch Fernseher oder PC und Smartphone; das Licht aus elektronischen Geräten kann die Ausschüttung unseres Schlafhormons Melatonin empfindlich stören).
8. Vermeide große Aufregungen und starke körperliche Anstrengungen in den Abendstunden.
9. Schließe den Tag ab: 60 Minuten vor dem Zubettgehen sollten alle Alltagsaktivitäten beendet sein.
10. Wähle angenehme Nachtbekleidung, die dich nicht einengt und atmungsaktiv ist.

Immerhin: Fast ein Drittel des Lebens verbringen wir schlafend: „Zu einem Drittel sind wir überhaupt noch ungeboren. Jedes Erwachen am Morgen ist dann wie eine neue Geburt", sagte der Begründer der Psychoanalyse Sigmund Freud (1856–1939). Leider stellen viele aber fest, dass mit zunehmendem Alter der erholsame Tiefschlaf weniger wird. Ein Säugling schläft noch 16 bis 18 Stunden am Tag, ein Kleinkind bis zu 12 Stunden – und erlebt dabei lange Tiefschlafphasen. Bei Erwachsenen sind es etwa sieben bis acht Stunden – mit immer weniger Tiefschlafphasen. Stattdessen kommt es oft zunehmend zu bewussten Wachphasen, der Schlaf wird flacher. Messbar ist das für Schlafforscher etwa an einer deutlich verringerten Ausschüttung von Wachstumshormonen. In Kombination mit der zumeist reduzierten körperlichen wie geistigen Aktivität im Laufe der Lebenszeit sinkt die Schlafqualität und damit auch die Gedächtnisleistung, vor allem die Fähigkeit zu Konzentration und Koordination.

Offensichtlich fehlt durch regelmäßigen Schlafentzug die nötige Nachbearbeitungszeit zwischengespeicherter Informationen. Erschwerend kommt Alltagsstress hinzu, der entspanntes Schlafen oft verhindert. Denn das Stresshormon Kortisol blockiert die Ausschüttung der Schlafhormone und stört so die Nachtruhe zusätzlich.

Lesen

Angenehme Raumtemperatur

Tagesrhythmus beachten

Rechtzeitig zur Ruhe kommen

Gesunde, geregelte Ernährung

Im Schlaf verfestigen sich neue Gedächtnisinhalte – es lohnt sich also, für eine erholsame Nachtruhe zu sorgen.

BRAIN FOOD: WELCHE NAHRUNG DEIN DENKEN STÄRKT

Die Ernährung ist ein gewaltiger Influencer für dein Gehirn. Klar, das Thema boomt – in Form unzähliger Trends, vermeintlich ultimativer Tipps, was man tun und lassen und wie man sich unbedingt ernähren sollte. All das hat aber nicht zu weniger Problemen geführt, im Gegenteil: Ernährungsbedingte Krankheiten sind auf dem Vormarsch. Wie du mit der richtigen Ernährung nicht nur Erkrankungsrisiken aller Art vorbeugen kannst, sondern obendrein auch noch deinem Gehirn etwas Gutes tust, erfährst du in diesem Kapitel.

„Ab heute wird nichts mehr versäumt.
Wer nicht genießt, ist ungenießbar.“

Konstantin Wecker (Liedermacher, geb. 1947)

Clever essen!

Ob Übergewicht, Diabetes, Herz-Kreislauf-Erkrankungen, Lungenprobleme, Allergien oder eben Hirnleistungsstörungen – die Anzahl Betroffener quer durch alle Generationen steigt. Und das, obwohl wir heute über ein Nahrungsangebot verfügen, von dem unsere Großeltern und Urgroßeltern nur träumen konnten. Jährlich strömen über 1000 Lebensmittel neu auf den Markt, qualitativ überzeugend sind sie oft nicht – die Zusammensetzung ist für uns als Verbraucher oft kaum nachvollziehbar. Der Verzehr traditioneller Grundnahrungsmittel (wie z. B. Kartoffeln) geht dagegen seit Jahrzehnten zurück. Zeit für ihr Revival, wenn auch – zugegeben – die Food-Landschaft nicht nur verwirrend, sondern oft auch allzu verlockend daherkommt.

In der Regel ist unsere Ernährung aber zu einseitig ausgerichtet. Kommen in Japan z. B. bereits beim Frühstück 30 verschiedene Vitalstoffe und mehr – etwa in Form von warmen Suppen oder Gemüse – auf den Tisch, sind Mahlzeiten hierzulande oft unausgewogen. Toastbrot oder das Croissant to go in der Frühe sind zwar lecker – die für das Gehirn wichtige Vitamin- und Mineralstoffversorgung sowie Antioxidanzien kommen dabei aber zu kurz, wie auch ungesättigte Fettsäuren wie Omega-3-Fettsäuren. Ein Beispiel: Dein Gehirn besteht zu mehr als 50 Prozent aus Fett. Es ist auf gesunde Fette ebenso angewiesen wie auf komplexe Kohlenhydrate statt schnelle Zucker, sowie auf ausreichend Eiweiß und Flüssigkeit (z. B. Heilwässer, Kräutertees). Fehlen die Energielieferanten aus der Nahrung, sinkt die Gehirnleistung – ebenso wie ein Auto ohne Benzin nicht vom Fleck kommt. Lebensmittel, die deine Gedächtnisleistungen besonders gut unterstützen können, werden auch unter dem Begriff Brain Food zusammengefasst. Die Ernährungsmedizinerin Sabine Schäfer verrät uns mehr darüber.

Interview mit Dr. med. Sabine Schäfer, Ernährungsmedizinerin

Dr. med. Sabine Schäfer, Fachärztin für Allgemeinmedizin mit Tätigkeitsschwerpunkt „Anthroposophische Medizin" und Ernährungsmedizinerin, ist Leiterin des Gesundheitszentrums Marbachshöhe in Kassel. Ihre Erfahrung ist, dass rund 90 Prozent aller Erkrankungen auch ernährungsbedingte Ursachen haben und eine Ernährungsumstellung oft dabei unterstützen kann, gesund und leistungsfähig zu werden und zu bleiben.

Sabine Schäfer: „Unsere Ernährung ist die Grundlage unserer geistigen Tätigkeit."

Frau Dr. Schäfer, in welchem Zusammenhang stehen Gehirngesundheit und Ernährung?

Es gibt keinen Bereich unseres Körpers, auf den Ernährung keinen Einfluss hätte. Oder anders formuliert: Sehr viele Krankheiten können mit der richtigen Ernährung gelindert oder sogar sanft geheilt werden. Wir wissen längst, dass eine überwältigende Zahl von chronischen Krankheiten durch eine falsche Ernährungsweise hervorgerufen wird. Essen spiegelt sich etwa auch in der seelischen Verfassung wider. Unsere Nahrungsmittelauswahl kann in diesem Zusammenhang entscheidend sein. Selbst Erschöpfung und sogar Depression können in manchen Fällen von einer sinnvollen Ernährung positiv beeinflusst werden.

Wenn man allerdings das unüberschaubare Angebot an Nahrungsmitteln betrachtet, ist die Frage, was davon für eine gesunde Ernährung bzw. ein fittes Gehirn geeignet ist.

Es ist eine Frage der richtigen Auswahl – am besten in Bioqualität. Vielerorts gibt es wieder verstärkt Bauernmärkte oder Hofverkäufe. In Städten ist Urban Gardening voll im Trend. Oder auch die Selbsterntesprojekte, bei denen man gegen einen Saisonbetrag eine kleine Parzelle eines professionell bestellten Ackers übernehmen kann, um sein Gemüse im Sommer selbst anzubauen. Das ist eine fantastische Möglichkeit, unter fachkundiger Anleitung Biogemüse zu ziehen und zu ernten, einen direkten Kontakt zu Umwelt und Natur zu haben und natürlich auch einen Beitrag zum ökologischen Landbau und Naturschutz zu leisten. Wenn Sie diese Möglichkeit nicht haben, gehen Sie bewusst einkaufen: Vermeiden Sie Fertigprodukte und setzen Sie auf frische Biolebensmittel.

Gibt es also das „richtige" Brain Food?

Ja. Eine gute Ernährung dient ja auch unserem Nervensystem. Sie ist damit also die Grundlage für unsere geistige Tätigkeit. Zusammengefasst kann man sagen, dass die Dinge, die unser Gehirn braucht, 1. gute Fette, 2. Mineralien, 3. die richtige Menge an Eiweiß und 4. weniger Zucker sind. Allerdings ernähren wir uns in der Regel nicht so, wie es der Organismus und das Gehirn brauchen.

Gesunde Fette, reichlich Mineralien und gute Eiweiße bei zugleich weniger Zucker führen dazu, dass man besser denken kann?

Ja, und zwar in jedem Alter. Man denke nur daran, wie oft über Konzentrationsschwäche bei Schülern geklagt wird. Kinder leiden immer mehr auch an mangelnder Koordinationsfähigkeit und Störungen der Fein- und Grobmotorik, Störungen des Gleichgewichtssinns und an Unruhezuständen – das kann mitverursacht sein von unausgewogener Ernährung. Bei Erwachsenen und Kindern können sich Störungen im vegetativen Nervensystem durch minderwertige Ernährung in Verdauungsproblemen und einer vermehrten Zunahme von Lebensmittelunverträglichkeiten zeigen, von Übergewicht ganz zu schweigen. Zwischen sieben und 25 Prozent der Bevölkerung der westlichen Welt haben bereits ein Reizdarmsyndrom. Wir können es besser machen, wenn unsere Nahrung entsprechend qualitativ hochwertig ist.

Haben Sie ein konkretes Beispiel: Was braucht das Gehirn beispielsweise zum Frühstück?

In meiner Zeit als Schulärztin habe ich morgens mit den Lehrern zusammen für Grundschüler Haferbrei gekocht. Ich erinnere mich an das

Erstaunen der Lehrer, wie gut die Kinder nach diesem Frühstück gelernt haben: Sie waren alle ausgeglichen, ruhig und hoch konzentriert.
Wenn man so etwas in Schulen einführen würde oder wenn Betriebe
eine gute Kantine mit frischem Brain Food hätten, hätten wir sicherlich in vielen Bereichen auch weniger gesundheitliche Probleme.

*Fangen wir bei den Fetten an: Warum sind sie so wichtig für das
Gehirn?*
Nerven können nur gut funktionieren, wenn sie Fett bekommen.
Wird allerdings Fett in der Ernährung gemieden, wie es ja oft der Fall
ist, kann das beispielsweise Nervenschäden, Schlafstörungen, Unru-
he und Depressionen oder Allergien bewirken. Es kommt aber auf die
richtige Sorte Fett an, denn Fett macht nicht automatisch fett: Hochwertige Fette führen nicht zu Übergewicht, im Gegenteil, bestimmte
Fette fördern den Verdauungsvorgang bzw. die Verstoffwechselung
der Nahrung. Empfehlenswerte, qualitativ hochwertige Fette sind
etwa die Fette aus Biomilch und Biomilchprodukten, darüber hinaus
aus Nüssen und Kürbiskernen, aus Fisch, Sesam und Oliven und vor
allem aus Leinöl.

Ein weiterer entscheidender Punkt für unser Gehirn sind Mineralien.
Ja, mit Blick auf die Gehirngesundheit sollten mineralienreiche Lebensmittel auf Ihrem Speiseplan stehen, z. B. Möhren, Pastinaken,
Kohl, Rote Bete, Sellerie, Spinat, Mangold oder Schwarzwurzeln. Sie
versorgen uns mit Eisen, Magnesium, Zink, Kupfer, Mangan, Kalzium
und weiteren Stoffen. Magnesium etwa ist wichtig für die Epiphyse,
die Hirnanhangdrüse. Sie ist dafür zuständig, unseren Tag-und-
Nacht-Rhythmus durch das Hormon Melatonin zu koordinieren, sorgt
also für guten Schlaf, der wiederum für eine gute Denkleistung sorgt.

In der ayurvedischen Medizin setzt man stark auf die Wärme von Speisen und Getränken. Bei einer Kur habe ich mich sehr schnell ausgeglichen und in den Gedanken beflügelt gefühlt, und das den ganzen Tag über, also ohne die üblichen Tiefpunkte.

Warme Speisen stärken einfach die Verdauungs- und Lebenskraft. Zusätzlich ist aber auch der Rhythmus wichtig. Das ist ein weiterer Aspekt, den wir oft erst wieder lernen müssen – in einem Rhythmus von vier bis fünf Stunden zu essen. Wenn wir uns danach wohlfühlen, entsteht die Möglichkeit zum freien Handeln. Wir sind dann nämlich ohne jegliche Hunger- und Durstgefühle und nicht von Mattigkeit blockiert – eine Zeit, in der wir gut denken können.

Schon beim Frühstück können wir durch die richtigen Zutaten unser Gedächtnis für den Tag fitmachen. Was könnte morgens auf meinem Teller punkten?

Wir brauchen morgens in erster Linie Eiweiß und leicht verdauliche Fette. Es sollte auch nicht zu spät gefrühstückt werden, sondern am besten bevor wir in den Tag oder zur Arbeit starten. In früheren Zeiten hat man zum Frühstück den schon erwähnten warmen Haferbrei gegessen – eine ideale Grundlage für Kinder, Schüler, Studenten oder auch Erwachsene im Beruf, die geistig den ganzen Tag gefordert werden. Also keine Weißmehlsemmel mit Konfitüre oder Schokocreme. Hafer hat fast dreimal so viel Eiweiß wie andere Getreide, beispielsweise Weizen oder Roggen, und enthält viele Mineralstoffe und – was viele nicht wissen – auch viele gesunde, leicht verdauliche Fette. Wenn Sie Haferflocken mit einer Prise Salz und z. B. ein paar Rosinen kochen, mindestens 20 Minuten lang, werden dadurch die Fette aufgeschlossen. Sie können dann noch etwas verfeinern mit einem Stückchen Butter oder etwas Sahne oder Milch und ein wenig Zimt und Rohrzucker, und schon haben Sie einen traditionellen Porridge. Haferflocken sind das beste Frühstück, das wir uns zubereiten können. Pro Person brauchen Sie für einen Porridge nur circa 60 g, das entspricht etwa zwei Handvoll. Und nach so einem Frühstück sind Sie wirklich erst einmal satt. Das ist inzwischen auch an der Berliner Charité erforscht und gut belegt: Hafer kann den Blutzucker regulieren.

Damit sind wir beim dritten Aspekt für gehirngesunde Ernährung: Eiweiß.

Auch bei der Hauptmahlzeit – also beim Mittagessen – liegt weltweit in der Mitte des Tellers das Eiweiß. Das kann ein Stück Fisch oder Fleisch sein, ein heißer Käse oder auch Eier. Eiweiß ist die Grundlage unseres Lebens. Es gibt uns Kraft. Wer beispielsweise viel frischen Fisch isst, kann auch sehr gut denken, da Fisch hochwertiges Eiweiß, Fette und Mineralien enthält. Eiweiß ist ein zentraler Baustein aller inneren Organe und Muskeln, auch unseres Gehirns. Darüber hinaus brauchen wir es aber auch für das Immunsystem.

Wenn ich kein Fleisch essen möchte: Sie sagten, auch Käse ist ein guter Eiweißlieferant?

Hartkäse liefert sogar mehr Eiweiß als Fleisch. Weitere hochwertige tierische Proteine finden sich auch in Tiefseefischen. Und übrigens: Weil Proteine vorwiegend unsere Sattmacher sind, hat man schneller Hunger, wenn man zu wenig davon isst. Wir finden Eiweiß beispielsweise auch in Linsen, Bohnen oder etwa Kichererbsen. Zu viele Hülsenfrüchte sollten aber nicht verzehrt werden, da sie oft schwerer verdaulich sind. Achten Sie deswegen auf einen gesunden Wechsel bei der Auswahl der Proteinquellen bzw. auf eine entsprechende Vielseitigkeit und Kombination.

Bleibt noch der vierte Punkt: Zucker. Generell verteufeln sollte man den Zucker aber auch nicht?

Am Zucker kommen wir nicht vorbei. Rote Bete beispielsweise enthält zu etwa neun Prozent Zucker, Möhren zwischen fünf bis sieben Prozent. Ein anderes Beispiel ist die Banane: Sie enthält bis zu 20 g Zucker – das sind zwei Esslöffel. Letztendlich enthält alles, was wir essen, immer mehr oder weniger viel Zucker. Sogar Eier, auch Fleisch oder Fisch. Kurz: Keinen Zucker essen geht nicht. Und das Gehirn braucht auch ständig Zucker, um zu funktionieren. Jeder Stoffwechselvorgang, jede Muskelbewegung, jede Aktivität der Organe – für alle Funktionen des Organismus benötigen wir Zucker. Allerdings kommt es auch wieder darauf an, in welcher Form Sie den Zucker zu sich nehmen. Und natürlich in welcher Menge. Meine Empfehlung lautet daher ganz klar: Übermäßig zuckerhaltige Produkte, also Süßigkeiten und Co., meiden, da sie den Insulinhaushalt stören, wodurch wieder neuer Heißhunger entsteht. Zu empfehlen sind dagegen Kohlenhydrate in Form von Vollkorngetreideprodukten, die jedoch nicht roh, sondern gekocht oder als Sauerteigbrot verzehrt werden sollten, da sie schwerer verdaulich sind. Besonders empfehlenswert sind wie schon gesagt der Hafer, zudem Roggen, Weizen, Hirse, aber auch Buchweizen und Quinoa – allesamt komplexe statt schnell verfügbare Kohlenhydrate und gleichzeitig eine wichtige Mineralquelle.

Haben Sie auch einen Tipp für ein gutes Brain Food to go, also die Nervennahrung für unterwegs?

Feigen sind wie Datteln eine sehr gute Nervennahrung. Allerdings gilt: Nicht zu viele Trockenfrüchte, weil der Zuckeranteil enorm hoch ist. Alternativ kann man auch eine Handvoll Nüsse essen.

Zuletzt: Welche Rolle spielt die Flüssigkeit – eine viel diskutierte Frage, die oft mit: „Trinken Sie so viel wie möglich!" beantwortet wird?

Lernen Sie, wieder auf Ihr Durstgefühl zu hören. Trinken Sie, wenn Sie Durst haben, und am besten zum Essen. Wird der Magen mit zu viel Flüssigkeit gefüllt, wird der saure Magensaft zu sehr verdünnt, und wir können anschließend nicht gut verdauen. Man sollte zwischen den Mahlzeiten auch nicht andauernd zwischendurch trinken. Wenn ich nämlich permanent mit Verdauen beschäftigt bin, nehme ich meinem Denken die Kraft weg.

Das richtige Brain Food

Um es gleich vorwegzunehmen: Bunte Vielfalt und reichlich frische, vitalstoffreiche Pflanzenkost ist – gepaart mit den richtigen Fetten und Eiweißquellen – in der Küche Trumpf. Dass demgegenüber übermäßig viel Zucker und die falschen Fette bereits innerhalb von nur einer Woche die Gedächtnisleistungen verschlechtern können, legen auch die Ergebnisse einer Studie von Richard J. Stevenson, Psychologieprofessor an der Macquarie University in Sydney, nahe. Demnach beeinträchtigt eine unausgewogene Ernährung mit reichlich Fast Food offensichtlich den Hippocampus – die für dein Gedächtnis und das Erinnerungsvermögen wichtige Gehirnregion. Mehr als 100 Teilnehmerinnen und Teilnehmer hatten an der Untersuchung teilgenommen. Das Ergebnis: Wer auf viel Zuckerhaltiges und Weißmehlprodukte wie Gebäck, Burger, Pommes und Co. setzte, schnitt beim jeweils auf die Mahlzeiten folgenden Merktest 20-mal schlechter ab als jene, die sich gesund – also abwechslungs- und vitalstoffreich – ernährten. Ein besorgniserregendes Ergebnis, so das Fazit der Forscher, denn langfristig erhöhe sich dadurch auch das Risiko für Demenzerkrankungen.

Nur nicht ins Fettnäpfchen treten

Qualitativ hochwertige Fette sind unabdingbar für dein Gehirn, wie du aus dem Interview mit Ernährungsmedizinerin Sabine Schäfer ja schon weißt. Andersherum bedeutet es, vor allem gehärtete, mehrfach bearbeitete Fette zu meiden. Besonders bedenklich sind die Transfette. Diese können nachweislich das Risiko für Fettstoffwechselstörungen und auch koronare Herzkrankheiten erhöhen. Sie stecken u. a. in:

- industriell gefertigten Backwaren und Fast Food
- Pommes und Chips
- frittierten Lebensmitteln und Wurstwaren

- Nussnougatcremes und Margarine
- Suppenwürfeln und Soßenpulvern

Halten wir fest: Fett ist nicht gleich Fett. Jede Fettart kann sich unterschiedlich in deinem Organismus auswirken: Gesättigte Fette erhöhen wie die Transfette aggressives Cholesterin im Blut. Sie stecken vor allem in tierischer Nahrung wie Fleisch und Milchprodukten. Umgekehrt können ungesättigte Fette wie Omega-3-Fettsäuren eine Schutzwirkung entfalten. Sie verbessern z. B. nachweislich die Fließeigenschaften des Blutes, hemmen Ablagerungen in den Gefäßen und verbessern erhöhten Blutdruck.

Gute Quellen für gefäßschützende Omega-3-Fettsäuren sind u. a.:
- Fisch: Hering, Thunfisch, Makrele, Wildlachs, Forelle, Sardine
- Speiseöle: Rapsöl, Hanföl, Leinöl, Walnussöl, Chiaöl
- Gemüse: Rosenkohl, Spinat, Bohnen, Avocado, Brokkoli
- Nüsse und Samen: Chiasamen, Leinsamen, Walnüsse, Mandeln, Paranüsse, Pekannüsse, Pinienkerne

Für eine ausreichende Versorgung empfehlen Experten, zweimal wöchentlich Omega-3-Fettsäure-haltigen Fisch zu essen. Wer Fisch nicht mag, kann alternativ auch auf Fischölkapseln ausweichen. Sie enthalten die beiden biologisch aktivsten Omega-3-Fettsäuren: die Eicosapentaensäure (EPA) und die Docosahexaensäure (DHA). Empfohlene Dosierung: 800 bis 1000 mg EPA- und DHA-Säure pro Tag.

Übrigens: Auch Omega-6-Fette zählen zu den gesunden ungesättigten Fettsäuren. Dennoch werden sie in der Regel geradezu verteufelt. Das liegt daran, dass wir von Omega-6 sehr viel weniger brauchen, als die meisten zu sich nehmen. Die Lösung liegt in einem ausgewogenen Verhältnis. Dafür sollte maximal zwei- bis viermal so viel Omega-6 wie Omega-3 aufgenommen werden. Bei unserer Ernährungsweise liegt das tatsächliche Verhältnis mit 10:1 bis 20:1 dagegen in einem riskanten Bereich. Das Ungleichgewicht zugunsten von Omega-6 kann schwere chronische Krankheiten auslösen, weil ein hoher Konsum dieser Fettsäuren gefährliche Entzündungsprozesse anschiebt. Besonders riskant ist die aggressive Arachidonsäure, die sich in hohen Mengen in tierischen Lebensmitteln findet, vor allem etwa in Schweinefleisch, Leberwurst oder auch Schlagsahne. Fettarme Milchprodukte sind demgegenüber relativ arm an Arachidonsäure.

Framingham-Studie: Fischverzehr schützt vor Demenz
Die amerikanische Framingham-Studie mit den Bewohnern der gleichnamigen Kleinstadt westlich von Boston, deren erste Ergebnisse ab den 1960er-Jahren zu zahlreichen zentralen Erkenntnissen in der Medizin hinsichtlich des Einflusses des Lebensstils auf die Herzgesundheit geführt haben, untersuchte u. a. auch die Esspläne von rund 900 Menschen im Durchschnittsalter von 76 Jahren: Wer einen höheren Fischverzehr mit reichlich gesunden Omega-3-Fettsäuren hatte, konnte sein Risiko, an Demenz zu erkranken, fast um die Hälfte senken.

So viel Eiweiß brauchst du

Eiweiße, auch Proteine genannt, sind aus verschiedenen Aminosäuren aufgebaut. Diese stellen nicht nur die Grundbausteine aller Körperzellen dar, sie dienen auch als Baustoff für wichtige Nervenbotenstoffe (z. B. Serotonin oder Dopamin), die Nervenzellen aktivieren und auf diese Weise komplexe Vorgänge im Gehirn wie etwa deine Aufmerksamkeit und Leistungsfähigkeit regulieren, aber auch deine Stimmung.

Acht dieser Aminosäuren sind für Erwachsene essenziell, das heißt, sie werden dringend benötigt, müssen aber mit der Nahrung zugeführt werden, da der Körper sie nicht selbst bilden kann. Grundsätzlich gilt: Durch eine abwechslungsreiche Kombination von tierischem und pflanzlichem Eiweiß gelingt das am besten.

Beispiele: Kartoffeln mit Kräuterquark oder Ei, Haferflocken mit Joghurt, Fisch mit Linsengemüse oder Vollkornbrot mit Emmentaler. Die Ernährungsgesellschaften empfehlen für Erwachsene eine Zufuhr von 0,8 g Eiweiß pro kg Körpergewicht und Tag. Das entspricht bei einer 70 kg schweren Person 56 g. Für Erwachsene über 65 Jahren wird mit mindestens 1 g pro kg Körpergewicht und Tag eine höhere Zufuhr empfohlen, da der Körper mit den Jahren einen stärkeren Impuls für den Proteinaufbau und Erhalt benötigt.

Eiweißgehalt in ausgewählten Lebensmitteln (je 100 g):

Haferflocken	13 g
Linsen	9 g
Früchtevollkornmüsli	11 g
Emmentaler (45 % Fett i. Tr.)	27 g
Kochschinken	20 g
Eier (gekocht)	12 g
Joghurt (1,5 % Fett)	3 g
Magerquark	13 g
Forelle	23 g
Nudeln aus gemahlenen Kichererbsen	ca. 24–28 g
Nudeln aus Hartweizengries	ca. 12–14 g
Vollkornbrot	7 g
Kartoffeln (gekocht, ohne Schale)	2 g

Komplexe Kohlenhydrate bevorzugen

Man soll dem Leib etwas Gutes bieten, damit die Seele Lust hat, darin zu wohnen, sagte schon Winston Churchill (1874–1965). Zu ergänzen bleibt: Nur dann fühlt sich auch dein Gehirn so richtig wohl. Und dafür braucht es eben auch Kohlenhydrate. Wie beim Fett gilt auch hier: Grundsätzlich „böse" sind Kohlenhydrate natürlich nicht, aber: Kohlenhydrate sind nicht gleich Kohlenhydrate. Und natürlich essen wir oft zu viel davon aus beispielsweise Weißmehl. Dies ist keine Erkenntnis der Moderne, sondern bereits seit Ende des 19. Jahrhunderts durch den Schweizer Arzt Maximilian Oskar Bircher-Benner (1867–1939), den Pionier der Vollwertkost, oder auch durch Pfarrer Sebastian Kneipp (1821–1897) bekannt. Wichtig ist, dass du dich für komplexe Kohlenhydrate entscheidest. Diese sind beispielsweise reich an Ballaststoffen. 30 g Ballaststoffe brauchst du täglich für optimal funktionierende Stoffwechselprozesse.

Komplexe Kohlenhydrate verfügen über eine insgesamt hohe Nährstoffdichte. Das bedeutet, sie sättigen über viele Stunden und reduzieren Heißhunger, weil ihre Energie langsam an den Körper abgegeben wird. Im Unterschied zu den schnell verfügbaren einfachen Kohlenhydraten halten sie den Blutzuckerspiegel auf gleichmäßigem Niveau. Die einfachen Kohlenhydrate dagegen, auch bekannt als „leere Kalorien" mit hohem glykämischen Index, lassen bei geringer Nährstoffdichte den Blutzuckerspiegel rasch ansteigen. Bestes Beispiel hierfür ist Fast Food wie Burger und Pommes oder Pizza. Der Körper produziert daraufhin Unmengen Insulin, um diese Zuckerflut abzubauen. Der Blutzucker fällt also rasch wieder, und unversehens hast du neuen Heißhunger. Ein Teufelskreis, der nicht nur das natürliche Gefühl für Hunger und Sättigung außer Kraft setzt, sondern zunehmend auch deine Gedächtnisleistungen.

Gute Quellen für komplexe Kohlenhydrate sind u. a.:

- Dinkel-, Gersten-, Hafer- und Roggenflocken
- geschroteter Weizen
- Haferplätzchen und Frischkorn-Müsli
- Hülsenfrüchte wie Bohnen, Erbsen, Linsen
- Kleie und Mais
- Kartoffeln und Süßkartoffeln
- Naturreis und Vollkornnudeln
- Vollkornbrot und -produkte

Fazit: Zucker – die Glukose, in Maßen genossen – ist auch für dein Gehirn lebensnotwendig. Mal ein Stückchen Schokolade ist deswegen ebenfalls kein Problem. Aber: Im Übermaß ist Zucker natürlich ungesund. Die Weltgesundheitsorganisation (WHO) und die Deutsche Gesellschaft für Ernährung e.V. (DGE) empfehlen einen maximalen Zuckerverbrauch von bis 50 g täglich. Verzehren tun die meisten von uns leider deutlich mehr, alleine schon über die tägliche Flut an Fertigprodukten. Entdecke stattdessen beispielsweise die gesunden Urgetreide wieder – das nährt deinen Geist schon zum Frühstück.

Hafer: Urgetreide für den wachen Geist

Ob kernig oder zart – Haferflocken sind immer ein wertvoller Bestandteil deiner Ernährung. Zu ihrem Nährstoffpaket gehören Vitamin K für die Stabilität von Knochen und Zähnen, B-Vitamine für Energiestoffwechsel und Nervenzellen sowie die Mineralstoffe Kalzium, Kalium, Magnesium, Natrium, Schwefel. Dazu kommen die Spurenelemente Eisen, Fluor, Mangan, Zink, Jod, Selen und Kupfer. Schon unsere Vorfahren wussten um die heilenden Qualitäten des Hafers: Kelten und Germanen bauten das Spelz- oder Schälgetreide vor ca. 4000 Jahren an, wie Ausgrabungen aus Schweizer Pfahlbauten der Bronzezeit nachweisen. Im 18. Jahrhundert tauchte der Hafer erstmals in Rezepten für Porridge in englischen Kochbüchern auf.

Heute ist er beliebter denn je, kann er doch mit seiner Vitalstoffpower Müdigkeit vertreiben und die Konzentration verbessern. Wenn du zum Porridge eine Alternative suchst, versuche mal die traditionelle Haferflockensuppe.

Haferflockensuppe mit Rahm

- 1 l Wasser oder Biofleischbrühe
- 6 EL Haferflocken
- Salz
- 1 bis 2 Eigelb oder 200 g Rahm nach Geschmack
- etwas Schnittlauch oder Petersilie

Die Haferflocken mit Wasser und einer Prise Salz bzw. in Fleischbrühe 15 bis 20 Minuten kochen. Nach Geschmack das Eigelb unterrühren oder die Suppe mit einem Becher süßem Rahm verfeinern. Variante: frischer Schnittlauch oder Blattpetersilie als Topping. Guten Appetit!

Noch ein Tipp: Versuche öfter Quinoa als Beilage einzusetzen – statt Pommes und Ähnliches. Das Inkakorn ist ein Pseudogetreide und mit dem Spinat und Roter Bete verwandt. Quinoa gehört nämlich zur Familie der Gänsefußgewächse – eine Herkunft, mit der das Korn auch bei Veganern punktet. Quinoa-Erzeugnisse sind glutenfrei, das Korn enthält gegenüber Weizen fast doppelt so viel Kalzium und Eisen, zudem Mangan und Kupfer: Beides Vitalstoffe, die die Bildung eines wichtigen Enzyms aktivieren, das die Energiekraftwerke in den Zellen – die Mitochondrien – aktiviert und schützt. Dazu kommen die Vitamine C und E, Zink, Magnesium und Omega-3-Fettsäuren.

Der Proteingehalt der Körner schwankt je nach Sorte zwischen elf und 18 Prozent. Und anders als in Reis oder Weizen finden sich sogar alle für den menschlichen Organismus essenziellen Aminosäuren darin. Besonders hoch ist der Gehalt an Lysin – wichtig auch für deine Abwehrkräfte.

Mineralstoffe und Spurenelemente

Wenn du nun glaubst, mit den Makronährstoffen – Kohlenhydraten, Fetten und Eiweißen – ist alles erledigt, muss ich dich enttäuschen. Zu wenig ist oft in unseren Köpfen, dass darüber hinaus auch Mikronährstoffe, häufig Vitalstoffe genannt, nicht minder lebensnotwendig für alle Stoffwechselprozesse und auch für dein Gehirn sind. Die Rede ist hier von Vitaminen, Mineralien und Spurenelementen. Die Crux: Den Löwenanteil davon kann dein Organismus nicht selbst herstellen. Wir müssen also „richtig essen".

1941 wurde in den USA erstmals eine wissenschaftlich begründete Regel dafür aufgestellt, welche Vitalstoffe der Mensch täglich eigentlich aufnehmen sollte. Ein Punkt, über den die Wissenschaftler auf der ganzen Welt bis heute kontrovers diskutieren. Einigkeit besteht hinsichtlich der Tatsache, dass viel nicht viel hilft – dies auch mit Blick auf die Fülle angebotener Nahrungsergänzungsmittel. Denn nicht nur ein Zuwenig, auch ein Zuviel an Vitalstoffen kann schaden. Für Naturheilkundler ist das freilich nicht neu.

Eine Nahrungsergänzung kann dennoch sinnvoll sein. Immerhin ist bekannt, dass vor allem pflanzliche Lebensmittel vom Zeitpunkt der Ernte bis zum Verzehr unzähligen Einflussfaktoren unterworfen sind, darunter die Qualität der Böden oder Schadstoffbelastungen aus der Luft und des Wassers. Viele Vitalstoffe in frischen Lebensmitteln gehen alleine schon durch die Lagerung verloren. Beispiel: Alle 48 Stunden verringert sich der Gehalt an Vitamin C in deinem leckeren Apfel um 50 Prozent. Optimal wäre also der Verzehr eines frisch gepflückten Apfels aus dem Garten – eine natürliche Vitaminbombe.

Am besten du bevorzugst Obst und Gemüse aus biologischem Anbau oder beziehst beides direkt bei deinem regionalen Bauern. Früchte im Discounter, von denen du dir Vitalstoffreichtum erhoffst, sind u. a. oft gewachst und auf Hochglanz poliert, damit sie lange frisch aussehen und sich besser verkaufen. Kurz: Traditionelles aus der Region und vom Biobauern solltest du allem, was industriell gefertigt ist oder unreif geerntet wurde, um dann rund um den Globus zu reisen, immer vorziehen.

Empfehlenswerte Vitalstoffe für gute Gedächtnisleistung

B-Vitamine Sie stecken beispielsweise in Leber, Schwein- und Hühnerfleisch, Fisch, Kartoffeln, Bohnen oder Reis. Eine Alternative sind Vitamin-B-Komplexpräparate. Die aus einer Einnahme von Vitamin-B-Komplexen resultierende Verbesserung der Gedächtnisleistung, ebenso von depressiven Symptomen, bestätigten Ergebnisse einer Studie der Australian National University. Für die geistige Leistungsfähigkeit ist z. B. Vitamin B12 relevant, auch Cobalamin genannt. Es ist unverzichtbar für dein Nervensystem, außerdem für Zellteilung, Wachstum und die Elastizität der Blutgefäße. Empfohlen für Erwachsene ist die Aufnahme von

4 µg B12 täglich, bei Stress kann der Bedarf deutlich darüber liegen. Hauptquellen für Vitamin B12: Innereien wie Rinder- und Kalbsleber, Hefe, Leberwurst, Hering, Lachs und Eier.

Kalium Das Mineral steckt in weißen Bohnen, Linsen, Spinat, Weizen, ebenso Roggenvollkorn, Bananen und Kartoffeln. Im Verbund mit Natrium sorgt Kalium z. B. für die Reizweiterleitung der Nervenzellen vom Gehirn zu den Muskeln und umgekehrt. Gemeinsam mit Magnesium sichert es die rhythmische Aktivierung deines Herzens. Allgemeine Erschöpfung, muskuläre Schwäche, Appetitlosigkeit, Übelkeit, Verstopfung und Herzrhythmusstörungen können Anzeichen eines Kaliummangels sein. Dazu kann es u. a. bei hohem Alkoholkonsum, bei zu hoher Kochsalzzufuhr oder hoher körperlicher Belastung und extremem Schwitzen kommen. Die DGE empfiehlt für Erwachsene (ab 15 Jahren) 4000 mg über den Tag verteilt.

Kalzium 99 Prozent des Kalziums in deinem Körper stecken in Knochen und Zähnen. Es wirkt aber auch als Botenstoff im Zellstoffwechsel und als natürlicher Stresskiller. Der tägliche Bedarf liegt für Erwachsene bei 1000 mg. Das erreichst du mit einem Glas (200 ml) Milch, 180 g Joghurt und 40 g Käse. Weitere gute Quellen: Haselnüsse, Spinat, Fenchel, Parmesan, Ölsardinen, Mandeln, Petersilie, Lein- oder Sesamsamen.

Magnesium Das Mineral ist nicht nur ein wichtiger Baustoff für das Knochengerüst und für Muskelkontraktionen zuständig, es sorgt auch für die Reizleitung in den Nervenzellen, den Energiestoffwechsel und die Zellaktivierung. Deswegen zeigt sich ein Mangel auch nicht nur in den viel zitierten Muskelkrämpfen, sondern kann mitunter auch zu Gefühlsstörungen in Armen und Beinen wie auch zu Antriebs- und Lustlosigkeit führen. Die DGE rät zu 300 bis 400 mg täglich. Bei Dauerstress steigt der Bedarf deutlich an. Deswegen: In Form von Vollkorn, Hülsenfrüchten, Sojabohnen und Nüssen gehört Magnesium täglich auf deinen Speiseplan. Weizenkleie punktet übrigens sogar mit 600 mg pro 10 g.

Zink   Dieses wichtige Spurenelement kennen viele als Garant für starke Abwehrkräfte. Es ist aber auch am Zuckerstoffwechsel und der Eiweißsynthese beteiligt, sorgt für die Antikörper- und Hormonbildung und regt die Produktion von Sexualhormonen an. Typische Mangelerscheinungen sind Haarausfall, verminderte Wundheilung, reduziertes Geschmacksempfinden oder nachlassende Sehkraft, aber auch Depressionen oder Lernschwäche. Die DGE nennt hier bei ihren Zufuhrempfehlungen für Männer mindestens 11 mg, für Frauen mindestens 7 mg. Fleisch, Hülsenfrüchte, Milch- und Vollkornprodukte sowie Meeresfrüchte liefern reichlich Zink. Spitzenreiter sind Austern mit mehr als 50 mg pro kg.

Eisen   Wer ständig schlapp und unkonzentriert ist oder sich Dinge nicht mehr so gut merken kann, könnte auch unter einem Eisenmangel leiden. Das Spurenelement aus z. B. Leber, Fleisch und Wurst ist wichtig für die Entgiftung und die Bildung des Blutfarbstoffs Hämoglobin. Ist zu wenig davon im Blut, können deine Körperzellen nicht ausreichend mit Sauerstoff versorgt werden. Auch in Sojabohnen, Hirse oder Linsen steckt Eisen. Täglich empfohlen werden 10 bis 15 mg. Wichtig: Die gleichzeitige Aufnahme von Vitamin C verbessert die Eisenaufnahme.

Selen   Mangelt es unserem Organismus an diesem besonderen Spurenelement, können Darmträgheit, Depression, Kopfschmerzen oder auch Gelenkbeschwerden eine Folge sein. Selen spielt für die Schilddrüsengesundheit eine Rolle und wirkt im gesamten Organismus als indirektes Antioxidans – auch im Gehirn. Das heißt, Selen wirkt zwar nicht selbst gegen freie Radikale, die den oxidativen Stress – und damit den Entzündungslevel in deinem Körper – erhöhen können. Wir benötigen es aber, um bestimmte Enzymsysteme bei ihrem Kampf gegen freie Radikale zu unterstützen. Für Gesunde gilt ein Tagesbedarf von 1 µg pro kg Körpergewicht. Bei einem 70 kg schweren Menschen wären das also 70 µg. Gute Lieferanten: Rotbarsch, Hering, Lachs und Makrele, außerdem Eier, Pilze und Nüsse.

Vitamin C   Keine Frage, es ist ein Lebenselixier und steht für Abwehrkraft pur. Das Antioxidans steckt mit geballter Power unmittelbar unter der Schale von Obst und Gemüsen wie schwarzen Johannisbeeren, Paprika, Brokkoli, Apfelsinen, Erdbeeren und Kiwis. Die DGE empfiehlt 95 bis 110 mg täglich. Typische Anzeichen eines Mangels: Müdigkeit, verminderte körperliche und geistige Leistungsfähigkeit sowie eine erhöhte Infektanfälligkeit.

Vitamin D   Einen Vitalstoff hält Mutter Natur persönlich parat: Sonnenlicht, mit dessen Hilfe in deiner Haut Vitamin D gebildet werden kann – eine Fähigkeit, die im Laufe des Lebens um bis zu ca. 75 Prozent nachlässt. In Lebensmitteln findet sich das auch als Sonnenhormon bezeichnete Vitamin kaum. Doch es ist nicht nur für die Knochengesundheit bedeutsam, sondern auch für deine Muskelkraft, das Abwehr- und Nervensystem. Vor allem bei Übergewichtigen, Diabetikern und Menschen mit hoher Infektanfälligkeit raten Experten zur Bestimmung des Vitamin D-Spiegels im Blut (25(OH)D-Wert), um gegebenenfalls gezielt zu ergänzen (siehe Seite 30).

Dein Brain-Food-Tagesplan

Der italienische Humanist Luigi Cornaro beschrieb bereits Mitte des 16. Jahrhunderts den Einfluss der Ernährung auf ein langes Leben – und soll selbst 99 Jahre alt geworden sein. Heute wissen wir dank moderner Forschung immer mehr darüber, wie wichtig das richtige „Futter" tagtäglich auch für die Gehirngesundheit und die Gedächtnisleistungen ist. Ernährungsmedizinerin Sabine Schäfer rät morgens z. B. zu Porridge als Nervennahrung, mittags u. a. zu hochwertigem Eiweiß, abends sollte es leicht verdaulich zugehen – insgesamt traditionell und qualitativ hochwertig statt industriell mit „leeren Kalorien", und am besten solltest du wann immer es geht warm essen.

Auch an ausreichend Flüssigkeit musst du denken. Verliert ein Erwachsener ohnehin täglich rund 2,5 Liter Flüssigkeit, kann es bei hochsommerlichen Temperaturen auch das Dreifache sein. Wird zu wenig getrunken, macht sich dies durch die Einschränkung der körperlichen und geistigen Leistungsfähigkeit bemerkbar. Da der Körper auf der anderen Seite nur eine bestimmte Menge Flüssigkeit wieder ausscheiden kann, ist aber auch zu viel trinken mitunter problematisch. Herz-, Nieren- und Leberpatienten sollten sich am besten von ihrem Arzt über die richtige Trinkmenge beraten lassen. Als Faustregel gilt: Körperlich nicht schwer arbeitende, gesunde Erwachsene sollten 1,5 bis zwei Liter pro Tag (Wasser, Kräutertees, Saftschorlen etc.) anpeilen.

Frühstück

Jeder Mensch braucht morgens ein warmes eiweiß-, fett- und mineralreiches Frühstück. Besonders geeignet ist Hafer. Wer es süß mag, greift am besten zu Joghurt mit frischen Beeren und Mandeln. Aber auch herzhafte Frühstücke wie Rührei, Vollkornbrot mit Avocado und Frischkäse oder Vollkorntoast mit Lachs versorgen dein Gehirn gleich am Morgen mit Energie.

Zwischendurch

Salziges bzw. Mineralisches fördert in der ersten Tageshälfte das Bewusstsein und Denken. Für die Zwischenmahlzeit sind etwa rohe Wurzelgemüse wie Möhren, Fenchel, Kohlrabi besonders zu empfehlen. Sie enthalten Mineralien und organische Zucker. Dazu eine Handvoll Nüsse (empfehlenswerte Sorten findest du im Abschnitt „Brain Food to go" auf Seite 67).

Mittagswärme

Mindestens einmal am Tag solltest du warm essen. Mittags ist in erster Linie frisches Gemüse der Saison mit seiner Vielfalt an sekundären Pflanzenstoffen empfehlenswert, dazu (etwa zwei- bis dreimal in der Woche) auch ein Stück Fisch oder Fleisch (vor allem Rind, Lamm, Kalb oder Huhn). Besonders hochwertig sind Kaltwasserfische wie Hering, Makrele, Lachs oder Thunfisch: Ihre Omega-3-Fettsäuren unterstützen u. a. die Hirnleistung. Wer vegetarisch essen möchte, kann auf Tofu zurückgreifen. Generell gilt, unbedingt auf gute Fette zu achten und damit antientzündlich zu essen. Auch auf ausreichend Eiweiß solltest du achten (siehe Seite 55). Empfehlenswerte Beilagen: Bulgur, Hirse, Couscous, Quinoa, Naturreis oder Kartoffeln.

Nachmittagslust

Wer am Nachmittag Lust auf eine Süßigkeit hat, sollte Gebäck oder Kuchen mit wenig Zucker wählen, damit sich keine hohe Zuckerlast negativ auf das Nervensystem auswirkt. Wahrscheinlich hast du an dieser Stelle ein generelles Naschverbot erwartet. Wie bei allem gilt aber auch hier: Qualität vor Quantität. Also: Mach bitte einen großen Bogen um industrielle Backwaren! Traditionell hergestellt – quasi nach Omas Rezept mit Zutaten in Bioqualität – ist gegen ein Stück selbstgemachten Kuchen hin und wieder nichts einzuwenden. Denn er enthält deutlich weniger Zucker als Industrieware und kann sogar mit einem eiweißreichen Belag, wie z. B. bei frischem Käse-, Mohn- oder Nusskuchen, punkten. Alternative: Auch eine Handvoll Nüsse helfen über das nachmittägliche Hungergefühl hinweg und steigern die Denkleistung.

Abendgenuss

Dein Abendessen sollte für die Nacht die Nerven stärken. Hierzu eignet sich leicht Verdauliches wie eine heiße Suppe, gerne auch aus (Wurzel-)Gemüseresten vom Mittag oder Vortag. Alternativen: ein Stück eiweißreicher Fisch, Käse oder Eier und eine Scheibe Roggenbrot mit etwas Fett. Dazu ein warmes Getränk wie ungesüßter Kräuter- oder Früchtetee.

Betthupferl

Wer schlecht einschlafen kann, sollte es abends mit einer heißen Mohnmilch für schöne Träume probieren: 0,25 Liter Biomilch mit einem Esslöffel frisch gemahlener Biomohnkörner aufkochen und mit Honig süßen.

Brain Food to go: Nüsse und Trockenfrüchte

Seit Jahrtausenden sind Nüsse und Trockenfrüchte ein wertvoller Nahrungsbestandteil. Reich an Proteinen und essenziellen Fettsäuren sind sie besonders unterwegs ein exzellentes Brain Food, mit dem du deinen Blutzuckerspiegel stabil halten und Heißhungerattacken auf ungesunde Snacks vermeiden kannst. Wissen musst du: Trockenfrüchte haben im Unterschied zu frischer Ware einen sehr hohen Zuckergehalt. Ihr Vorteil ist, dass nicht nur der Zuckergehalt konzentriert ist, sie enthalten auch sehr viele Mineral- und Ballaststoffe. Dennoch: Bitte nur in Maßen knabbern oder die getrocknete Frucht z. B. in mehrere Stückchen schneiden. Achte außerdem auf ungeschwefelte Bioprodukte.

Datteln

Wusstest du, dass die Frucht des wichtigsten Oasenbaums Afrikas und Südwestasiens auch als Brot der Wüste bezeichnet wird? Früher sicherte sie das Überleben der Wüstenbewohner, in Nordafrika zählt sie bis heute zu den Grundnahrungsmitteln. Datteln sind besonders reich an Kalium, Eisen, Phosphor für die Zellmembranen und Magnesium. Sie spenden dir schnelle Energie und sorgen zudem für eine gut funktionierende Verdauung.

Feigen

Ob Bergfeigen, Protobenfeigen aus biologischem Anbau oder Softfeigen: Feigen gehören generell zu den ersten Kulturpflanzen überhaupt. Ihr hoher Gehalt an Frucht- und Traubenzucker macht sie ebenfalls zu einem schnellen Energiebooster für das Gehirn. Dazu kommen Ballaststoffe, Mineralien wie Kalzium, Kalium oder Magnesium sowie Vitamin B1 zur Unterstützung des Nervensystems.

Maulbeeren

Lust auf Abwechslung? Maulbeeren gehören wie Feigen zur Familie der Maulbeergewächse. Und wenn du weißt, wie Brombeeren aussehen, kannst du dir die hellen Früchte gut vorstellen. Ob als kleiner Snack oder zu Joghurt und Müsli: Maulbeeren enthalten wichtiges Kalzium (sorgt für die Signalübertragung zwischen deinen Nervenzellen), Kalium (wichtig für deinen Blutdruck) und Magnesium, das Müdigkeit verringern kann.

Haselnüsse

Sie sind besonders öl- und proteinreich, strotzen also vor Eiweiß und einfach und mehrfach ungesättigten Fettsäuren. Weitere Inhaltsstoffe: Kalzium, Magnesium, Phosphor, Eisen und Zink (benötigst du nicht nur für dein Immunsystem, sondern auch für die Zellteilung), B-Vitamine und Vitamin E, um die Zellen vor oxidativem Stress zu schützen. Grund genug, die knackigen Kraftpakete öfter zum Brain Food zu erklären.

Walnüsse

Edles Holz und starke Nüsse mit Omega-3- und Omega-6-Fettsäuren – Walnussbäume faszinieren doppelt. Und sie wachsen scheinbar heimlich: Eichhörnchen, Siebenschläfer oder Krähen legen sich gerne einen Nussvorrat an. Nüsse, die von den Tieren nicht wiedergefunden werden, bilden neue Bäume aus. Und die

Nüsse selbst? Sie erhöhen deine Konzentration mit vielen Mineralstoffen, Spurenelementen, Vitamin B und E.

Pekannüsse

Amerikanische Pekannüsse sind aromatische Schwestern der Walnuss. Du kannst sie sogar mit bloßen Händen knacken. Die Besonderheit: Pekannüsse sind mit 72 Prozent Fettgehalt ein nahrhafter Energiespender für dein Gehirn. In der gesunden Küche kannst du sie auch gehobelt oder gehackt verwenden: für Salate, Gemüse, Joghurts oder auch auf dem Käsebrot.

Cashewkerne

Sie ist weicher in der Konsistenz als die meisten anderen Nüsse und fettärmer: die Cashewnuss. Ursprünglich aus Südamerika stammend wird sie heute vor allem in Südostasien und Indien angebaut. Die nierenförmigen Kerne versorgen dich neben Proteinen (der Gehalt liegt bei fast 20 Prozent) auch mit B-Vitaminen (darunter Folsäure für die Blutbildung), Kalzium, Kalium, Magnesium und Zink.

Mandeln

Mild, süß und sättigend – schon Hildegard von Bingen (1098–1179) empfahl Mandeln bei dem Gefühl eines „leeren Gehirns" für mehr Lebenskraft. Der Mandelbaum gehört zur Familie der Rosengewächse, das Wirkstoffspektrum der köstlichen Kerne enthält Proteine, B-Vitamine, mehrfach ungesättigte Fettsäuren, Magnesium, Kalium, Kalzium fürs Wohlbefinden sowie sekundäre Pflanzenstoffe als Antioxidanzien.

BRAIN ENERGY: WIE SICH DENKEN FREISPIELT

Genug der Theorie. Dein Gehirn will raus und spielen! Jetzt geht es um dein Gedächtnistraining, besser gesagt dein Synapsenfeuerwerk: Immer wieder möglichst viele neue Verbindungen zwischen deinen Nervenzellen zu schaffen, ist das Ziel. Du erfährst, wie du alte Denkpfade verlassen kannst und wie du deine Konzentrations- und Koordinationsfähigkeit sowie Rhythmus, Feinmotorik und deinen Gleichgewichtssinn schulst. Auch für Angehörige von Menschen mit Demenzerkrankung gibt es wichtige Tipps. Im Anschluss wird es praktisch mit einer Auswahl verschiedener Memory-Übungen!

„Erzähle mir, und ich vergesse.
Zeige mir, und ich erinnere.
Lass mich tun, und ich verstehe."

Konfuzius (chinesischer Philosoph, ca. 551–479 v.Chr.)

Köpfchen, Köpfchen

Geistig beweglich – dabei kann dir schon ein angeregtes Gespräch, eine große Portion Neugierde auf Neues und vor allem jede Menge Lachen helfen. Nein, dein Gehirn ist kein Muskel. Dennoch kannst du es trainieren, weil es sich ähnlich lernfreudig wie deine Muskeln verhält. Das ist mit einer der Gründe dafür, warum Gehirnjogging inzwischen zu einem Trend geworden ist. Aber natürlich ist auch Gedächtnistraining nicht gleich Gedächtnistraining. Jeder Mensch braucht täglich Impulse und immer wieder neue Herausforderungen für seine kognitiven Fähigkeiten. Dabei kommt es aber nicht auf besonders lange Trainingseinheiten an, sondern vielmehr auf gehirngerechte Häppchen, die unsere geistige Aktivität anregen. Die uns von Monotonie befreien, hier und da zum Träumen einladen, Überraschendes oder auch Entspannung bieten. Regelmäßige „Denkpralinen" nennt das die Gedächtnistrainerin Andrea Friese. Sie thematisiert die Kopflastigkeit unseres Alltags, die richtigen Denkanstöße und ganzheitliche Konzepte für mehr Gedächtnisleistung.

 ### Interview mit Dr. Andrea Friese

Dr. Andrea Friese ist Pädagogische Leiterin im Bundesverband Gedächtnistraining e.V. (BVGT) und Erziehungswissenschaftlerin, lizensierte Gedächtnistrainerin und Fachtherapeutin für Hirnleistungsstörungen.

> Andrea Friese: „Fantasie ist wichtiger als Wissen, das hat schon Albert Einstein gesagt."

Frau Dr. Friese, ist es nicht erstaunlich, dass das Gehirn die besondere Fähigkeit zur lebenslangen Veränderung und Anpassung besitzt?
Ja, das ist wirklich begeisterungswürdig: Die Neuroplastizität, also die Fähigkeit, neue Verknüpfungen zu bilden, um Neues zu lernen, bleibt tatsächlich bis ins hohe Alter erhalten. Dass sich dabei auch immer neue Nervenzellen im Gehirn bilden können, ist sogar eine noch recht junge wissenschaftliche Erkenntnis: Eine dänische For-

schergruppe fand heraus, dass der Verlust an Nervenzellen im Gehirn zwischen dem 20. und 90. Lebensjahr weniger als zehn Prozent beträgt. Und dass dieser Verlust durch die Neubildung von Nervenzellen kompensiert wird. In bestimmten Regionen des Gehirns konnten Forscher auch bei über 70-Jährigen noch neu gebildete Nervenzellen nachweisen.

Gibt es dennoch Veränderungen im Laufe der Lebenszeit?
Besonders wenn komplexe Aufgaben zu lösen sind oder Sachverhalte kurzfristig gespeichert werden müssen und zugleich noch eine Handlung auszuführen ist, kann der Abruf von Informationen mit zunehmendem Alter Schwierigkeiten bereiten. Vor allem den ungesunden Stress im Berufsalltag mag unser Gehirn einfach gar nicht. Wir denken zwar, der Mensch sei multitaskingfähig, aber weit gefehlt! Mehrere Aufgaben gleichzeitig zu erledigen – beispielsweise im Büro etwas abheften und dabei telefonieren – geht nur, wenn es sich um automatisierte Routinetätigkeiten handelt. Sobald die zweite Aufgabe aber mehr Aufmerksamkeit beansprucht, ist die Fehleranfälligkeit größer. Das gilt übrigens für alle Lebenslagen, ein schönes Beispiel ist das Autofahren. Wenn alles stressfrei läuft, kann der Fahrer eine Unterhaltung mit den übrigen Passagieren führen. Spannt sich die Situation an, beispielsweise durch einen Stau oder aufgrund einer neuen Verkehrsmeldung, muss die Aufmerksamkeit komplett auf den Verkehr gerichtet werden.

„Warte, ich muss mich konzentrieren", sagt man dann beispielsweise, ohne darüber nachzudenken.
In dem Moment, in dem Sie etwas in Worte fassen, werden intuitive und ungeordnete Gedanken strukturiert und ein logisches Bezugssystem hergestellt – oft erschließt sich ein Erkenntnisgewinn während des unmittelbaren Sprechvorgangs.

Wie sieht ein ganzheitlicher Ansatz im Gedächtnistraining aus?
Es werden verschiedene Aspekte berücksichtigt: ein Training ohne
Leistungs- und Zeitdruck, eine entspannte Atmosphäre, überra-
schende und interessante Übungen, die langsam die Leistung steigern, und die Kombination des kognitiven Trainings mit Bewegungs-
und Entspannungselementen machen ein ganzheitliches Konzept
aus. Auch wird die Kommunikation gefördert, es gibt also reichlich
Gelegenheit zur Diskussion. Dabei kann sich auch das Interesse für
völlig neue Bereiche entwickeln – und natürlich gehören immer der
Spaß und die Freude dazu. Ich bin seit meiner Ausbildung mit Feuer
und Flamme dabei und entdecke auch für mich immer wieder neue
spannende Themen. Das Gedächtnistraining habe ich seitdem nicht
nur mit Senioren durchgeführt, sondern mit Menschen verschiedenen Alters und unterschiedlichen kognitiven Fähigkeiten – auch mit
Kindern.

*Die meisten von uns sind in Alltag und Berufsleben stark einge-
spannt, nicht selten raucht uns buchstäblich der Kopf. Durch dieses
intensive Training arbeiten die grauen Zellen aber nicht besser. Oft
lassen Konzentration und die Merkfähigkeit spürbar nach. Leben
wir zu kopflastig?*
Fantasie und Kreativität bleiben eindeutig auf der Strecke, ja. Und
dass Fantasie wichtiger ist als Wissen, das hat schon Albert Einstein
gesagt. Fantasie ist die Fähigkeit, sich etwas vorstellen zu können.
Die Einbildungskraft, auch ungewöhnliche Wege zu entdecken und
auch zu beschreiten. Das bildhafte Vorstellungsvermögen fordert dabei die rechte Hirnhälfte, auch spontane Einfälle und Eingebungen
kommen von hier. Wenn wir nur logisch denken, nutzen wir nur die
linke Hirnhälfte. Beide Hemisphären – die rationale und die kreative
Hirnhälfte – sind aber in ihrem Zusammenwirken von großer Bedeutung für unser Denken. Dabei hat auch der insgesamt kreative Um-
gang mit Sprache bei Fantasieübungen im Gedächtnistraining einen
hohen Stellenwert.

Haben Sie ein praktisches Beispiel?

Eine einfache Übung, die man überall machen kann, wenn man z. B. auf den Bus oder an der Kasse warten muss, ist die kreative Wortfindung. Beispiel: Bilden Sie aus den Buchstaben des Wortes „ALPHA-BET" einen Satz: Das erste Wort muss mit A anfangen, das zweite Wort mit L und so weiter. Eine Lösung könnte lauten: „**A**lle **L**ustigen **P**olitiker **H**aben **A**m **B**auch **E**ine **T**ätowierung." Sehen Sie, und jetzt müssen Sie einfach lachen, gute Stimmung ist beim Gedächtnistraining garantiert. Viele nehmen buchstäblich Fahrt auf beim Üben und werden wieder flexibler in ihrem Denken.

Das heißt, auch die Informationsverarbeitungsgeschwindigkeit profitiert?

Prozesse der Informationsverarbeitung – also von der Wahrnehmung eines Reizes über das Erkennen und Verarbeiten bis zur Umsetzung in Form einer Handlung – verlangsamen sich, je älter wir werden. Mit einem Gedächtnistraining können Sie hier gut entgegenwirken bzw. vorsorgen. Und das macht nicht nur Spaß. Es kommt Ihnen dann auch konkret im Alltag zugute. Jeder von uns muss ja ständig Entscheidungen treffen, möglichst rasch die Lösung für ein Problem finden usw.

Sich Dinge merken und behalten zu können, stellt da oft die größte Herausforderung dar.

Ich kann Ihnen auch sagen, warum das so ist. Wir unterschätzen, wie wichtig es ist, wie wir uns eine Sache einprägen. Das geht über das Was weit hinaus. Aufmerksamkeit und Konzentration spielen deswegen eine enorm große Rolle. Wenn ich einer Sache wenig Aufmerksamkeit schenke und mich ablenken lasse, können Dinge nicht ins Langzeitgedächtnis gelangen. Immer wieder beklagen sich auch bereits Erwachsene mittleren Alters, dass sie sich Namen nicht gut merken können oder dass sie im Vorratskeller stehen und nicht mehr wissen, was sie dort eigentlich holen wollten.

Nehmen wir noch einmal das Beispiel mit den Namen. Warum geht das so oft schief?

Die entscheidende Frage ist, worauf konzentriert sich die Aufmerksamkeit, wenn sich mir eine fremde Person vorstellt? Oft gelangt die Information des Namens gar nicht erst ins Gedächtnis, wenn man vielleicht gerade abgelenkt ist. Fällt einem der Name bei einem späteren Treffen nicht ein, hat dies also nicht unbedingt mit einem kognitiven Abbau zu tun. Wir sind im Alltag schlicht oft nicht bei der Sache. Unter Konzentration verstehen wir übrigens die gebündelte Aufmerksamkeit – das ist die erste und die wichtigste Voraussetzung, um lernen oder sich etwas merken zu können. Tatsächlich sind viele Gedächtnisprobleme solche Konzentrationsprobleme. Egal ob es in der Schule ist, im Beruf oder im privaten Bereich – eine gute Leistung erbringen kann nur der, der dafür seine Aufmerksamkeit auf den betreffenden Sachverhalt lenkt.

Wie kann man das üben?

Im Gedächtnistraining nutzen wir z. B. Suchbilder oder auch Texte, in denen sich das Lösungswort zu einem zuvor gestellten Rätsel mehrfach wiederfindet. Dabei muss man dann, wenn man das Wort erraten hat, den Text konzentriert durchgehen und das Lösungswort überall, wo es zu finden ist – also in der Regel als Bestandteil völlig anderer Worte – unterstreichen. Zum Schluss kann man durchzählen und überprüfen, ob man die richtige Anzahl an Lösungswörtern gefunden hat. Meine Erfahrung ist, dass solche Texte (z. B. Memory-Übung 24, siehe Seite 105) oft ein Ansporn sind. Viele wollen unbedingt auf die richtige Anzahl kommen und sitzen wie Detektive an ihrem Text – mit ungeteilter Aufmerksamkeit. Sich gut konzentrieren zu können, fördert auch die Fähigkeit, Dinge, die ich schon eingespeichert habe, bei Bedarf abrufen zu können. Wohl jeder kennt das Phänomen: „Mir liegt es auf der Zunge ..." Irgendwann fällt uns der Name oder das Wort wieder ein – nämlich dann, wenn das Gehirn ohne Denkblockade arbeiten kann.

Wenn man wieder zu Hause ist und endlich weiß, mit wem man da eben einen kurzen Plausch gehalten hat. Wann sollte man also spätestens mit dem Gedächtnistraining beginnen?

Bereits im dritten Lebensjahrzehnt beginnt der Alterungsprozess des Gehirns. Studien haben gezeigt, dass die fluide Intelligenz, wie Schnelligkeit der Wahrnehmung, Reaktionszeit und das induktive Denken, also das Ableiten von Schlussfolgerungen, bereits ab dem frühen Erwachsenenalter abnimmt. Wir können nicht früh genug anfangen, unser Gehirn zu trainieren. Wichtig zu wissen ist aber auch: Was in reifen Jahren an Schnelligkeit verloren geht, kann man durch planvolles, überlegtes Handeln oft ausgleichen. So hat eben jede Lebensphase auch ihre Vorzüge.

Welche Tätigkeiten oder auch Hobbys – die sich gut in den Alltag integrieren lassen – können die Gehirnzellen ganzheitlich anregen?

Im Alltag gibt es vielfältige Möglichkeiten, das Gehirn zu trainieren, z. B. Schach spielen oder auch neu lernen. Trainiert werden dabei die Konzentration, vorausschauendes logisches Denken und die Denkflexibilität. Hervorragend ist auch das Tanzen oder einen Tanzkurs zu besuchen. Dabei werden Rhythmus, Feinmotorik und der Gleichgewichtssinn ebenso trainiert wie die Konzentrations- und Koordinationsfähigkeit.

Gibt es eigentlich besonders geeignete Sportarten für das Gehirn?

Alle Sportarten sind geeignet, die über gewisse Regeln verfügen und sich nicht nur auf gleichförmige, immer wiederkehrende Bewegungsabläufe beschränken, wie sie etwa in Fitnessstudios vorherrschen. Monotonie ist gähnende Langeweile für das Gehirn und ebenso kontraproduktiv wie die Informationsüberflutung im stressigen Alltag. Toll sind Sportarten an der frischen Luft, wie z. B. Radfahren oder Wandern. Außerdem verbessert regelmäßige sportliche Betätigung die Durchblutung und damit die Gehirnversorgung mit Sauerstoff. Und wer dann auch noch Bewegung und Denken miteinander kombiniert, gibt seinen grauen Zellen richtig Futter. Versuchen Sie doch einmal, beim Radfahren Rechenaufgaben zu lösen.

Sie haben über den Denkspaziergang ein Buch geschrieben.
Was passiert dabei genau?

Ich habe es zusammen mit Bettina M. Jasper geschrieben, die bereits in den 1990er-Jahren das Brainwalking für Zielgruppen im Sport entwickelt hat. Das Buch (siehe Anhang) enthält viele Übungen, die man auf Spaziergängen und Wanderungen durchführen kann, es ist also Gedächtnistraining im Freien. Die Kombination von Denken und Bewegung ist im Grunde nichts Neues, denn bereits in den Schulen der Antike wurden Lernressourcen aktiviert, indem Philosophen wie Aristoteles beim Gehen in Wandelgängen Gespräche mit ihren Schülern führten oder Vorlesungen hielten. Ältere Menschen haben mir immer wieder erzählt, wie sie sich Gedichte auf dem Schulweg einprägten, die sie heute noch komplett wiederholen können. Auch heute noch gehen viele Menschen beim Lernen unbewusst im Zimmer umher. Unterwegs lassen sich Übungen auf sehr vielfältige Weise einbauen: als Bewegungs- und Denkaufgaben während des Gehens oder in den Gehpausen. Auch hier lassen sich Arbeits- bzw. Kurzzeitgedächtnis, Konzentration, Merkfähigkeit, Wahrnehmung und vieles mehr trainieren.

Haben Sie auch ein Beispiel zur Wahrnehmungsförderung im
Freien?

Lauschen Sie einfach dem Rauschen der Blätter oder beobachten Sie einen Vogel am Futterhaus. Ändern Sie unterwegs ab und zu die Schrittweise, gehen Sie mal im Wechselschritt, mal im Storchengang. Sammeln Sie Naturmaterialien und legen daraus ein Mandala. Intensivieren Sie beim Spaziergang den Blick auf die Felder, den Wald, den Himmel, die Farben. Da draußen ist so viel, wir müssen nur hinsehen, hinhören und hinspüren. Im Alltagsverständnis wird Wahrnehmung meist nur auf das Hören und Sehen beschränkt. Aber erst das Zusammenspiel all unserer Sinne ermöglicht uns sinnliche Erfahrungen, die notwendig sind, um sich in der Umwelt zu orientieren. Und eben auch das Gehirn ganzheitlich zu aktivieren.

Apropos Orientierung: Ich bin ein Fan von Post-its, die ich überall platzieren kann. Muss ich mir deswegen Sorgen machen?
Im Gegenteil. Schreiben Sie auf, was Sie sich merken möchten. Studien haben sogar gezeigt, dass handschriftliche Notizen besser im Gedächtnis haften bleiben als das Tippen ins elektronische Notizbuch. Schreiben per Hand aktiviert das Gehirn offenbar anders als das Bedienen einer Tastatur. Das Schreiben per Hand ist ein größerer motorischer Aufwand und führt zu einer komplexeren und somit stabileren Verknüpfung im Gedächtnis. Bereits das Schreiben einer Einkaufsliste hilft beim Einprägen der benötigten Produkte.

Was kann man sonst noch tun?
Lesen Sie morgens die Tageszeitung sowie Literatur oder gehen Sie ins Kino und reden Sie mit Verwandten oder Freunden über das Gelesene oder Gesehene. Damit schulen Sie Ihre Fähigkeit zum Formulieren und Ihre Urteilsfähigkeit. Besonders wirksam ist es, eingeschliffene Routinen im Tagesablauf öfter ganz bewusst zu durchbrechen. Das soll heißen: Führen Sie alltägliche Verrichtungen mit Ihrer schwachen Hand aus. Also: Als Rechtshänder gießen Sie sich den Kaffee mit links ein. Das schult vor allem die mentale Flexibilität. Oder Sie schreiben Ihre nächsten Einkaufszettel oder Notizen öfter mit der schreibungewohnten Hand, damit trainieren Sie gleichzeitig noch Ihre Denkflexibilität und fluide Intelligenz.

Dann könnte ich auch z. B. mit links die Zähne putzen?
Genau. Noch eine Möglichkeit ist es, wenn Sie auch neue Wege im
Alltag entdecken. Das heißt, z. B. gelegentlich eine andere Strecke als
sonst zur Arbeit oder zum Einkaufen zu wählen und dabei die unge-
wohnte Umgebung aufmerksam wahrzunehmen. Das schult Ihre
Aufmerksamkeit und Konzentration. Sie müssen sich neu orientieren. Wobei noch dazu die Zeit wie im Fluge vergeht – die einem ja
gerade auf dem Nachhauseweg nicht selten zu lang vorkommt.

*Was ich herausgehört habe, ist, dass der Austausch mit anderen
auch schon viel bewirken und mein Gedächtnis trainieren kann?*
Ja. Ich empfehle, soziale Kontakte unbedingt zu pflegen und so oft
wie möglich mit Gleichgesinnten zu kommunizieren. Engagieren Sie
sich z. B. in Vereinen, bei Gemeindeaktivitäten und schließen Sie
neue Bekanntschaften – diese Aktivitäten bringen nicht nur Freude
und Aufmunterung, sondern auch geistige Fitness. Womöglich entdecken Sie auch neue Hobbys und erobern neue Ziele, an die Sie bis-
lang gar nicht gedacht haben. All das trägt enorm zu Lebensfreude
und Lebensqualität bei.

*Wir haben jetzt viele verschiedene, ganzheitliche Möglichkeiten für
ein fittes Gedächtnis besprochen. Inwieweit unterscheiden sich
diese vom klassischen Gehirnjogging, den Denksportaufgaben in
Zeitschriften und Ähnlichem?*
Sicherlich haben auch Aktivitäten wie Gehirnjogging und das Lösen
von Denksportaufgaben, Kreuzworträtseln, Sudokus und Ähnliches
ihren Sinn. Übungen aus dem Gehirnjogging beispielsweise trainieren die Merkspanne und die schon angesprochene Informationsverarbeitungsgeschwindigkeit. Oft werden dabei die Reaktionszeiten
gemessen und Ergebnisse nach mehreren Durchgängen miteinander
verglichen. Auch Ergebnisse von neueren Forschungen zu Kreuzworträtseln der Universität Exeter und dem King's College London haben
ergeben, dass, je regelmäßiger die Teilnehmer mit den Rätseln be-

schäftigt waren, sie desto besser bei der Überprüfung von Aufmerksamkeit, logischem Denken und Gedächtnis abschnitten. Fazit der Forscher: Wer sich mit Worträtseln beschäftigt, weist bei grammatikalischem Denken eine Gehirnfunktion auf, die der eines zehn Jahre jüngeren Menschen entspricht. Bei Tests zur Messung des Kurzzeitgedächtnisses ergab sich ein Unterschied von acht Jahren. Im Unterschied zu unserem ganzheitlichen Ansatz werden hier jedoch nur einzelne Funktionen separat trainiert.

Ganzheitliches Gedächtnistraining ist also mehr als nur Kreuzworträtsel und Denksportaufgaben?
In jedem Fall. Die zwölf Trainingsziele, die wir im ganzheitlichen Gedächtnistraining nach dem Konzept des BVGT formulieren, sind: assoziatives Denken, Denkflexibilität, Fantasie und Kreativität, Formulierung, Konzentration, logisches Denken, Merkfähigkeit, Strukturieren, Urteilsfähigkeit, Wahrnehmung, Wortfindung und Zusammenhänge erkennen. Durch die Vielfalt der Übungen werden diese Hirnleistungen nicht isoliert trainiert, sondern miteinander verknüpft. Genau das entspricht auch der Alltagsrealität, dass alle und nicht nur einzelne Hirnleistungen gefordert werden.

Können ganzheitliche Gedächtnisübungen auch der Entwicklung von Alzheimer-Demenz vorbeugen?
Einer Demenz vom Typ Alzheimer kann man sicherlich nicht vorbeugen – noch nicht. Die genauen Mechanismen dieser Krankheit sind noch immer nicht erkannt, auch wenn die Forschung unterschiedliche Vermutungen hat. Man kann jedoch die späteren Phasen hinauszögern, wenn man sich ein stabiles Netz an Synapsenverbindungen aufbaut. Das heißt: Lebenslanges Training baut ein Potenzial an Nervenzellen als stille Reserve auf, also als eine Art Guthaben an Plastizität, um im Notfall Einschränkungen kompensieren zu können.

Ist denn für bereits von Demenz Betroffene ein Gedächtnistraining sinnvoll – und wenn ja, bietet es in allen Stadien der Erkrankung eine Unterstützung?

Auf jeden Fall. Personen, die über viele Jahre an einem ganzheitlichen Gedächtnistraining teilgenommen haben, können ihr kognitives Leistungsniveau über einen längeren Zeitraum stabil halten und das Fortschreiten der Symptome einer Demenz vorübergehend verzögern. Immerhin erhalten sie auf diese Weise die Lebensqualität für einen bestimmten Zeitraum aufrecht. Im Anfangsstadium sind die Symptome noch kaum erkennbar. Gedächtnis- und Konzentrationsstörungen oder Wortfindungsprobleme sind erste Anzeichen, dazu kommt rasche geistige Erschöpfbarkeit. Vor Kurzem gefasste Gedanken und Gespräche werden vergessen, oft kommt noch eine Antriebsarmut hinzu. Gedächtnistraining kann bei einem Teil der reversiblen sekundären Demenzerkrankungen bei gleichzeitiger Behandlung der körperlichen Ursachen die Wiederherstellung der kognitiven Leistung fördern und beschleunigen, es wirkt rehabilitierend.

Auch bei irreversiblen und degenerativen Demenzerkrankungen?

Auch hier ist das ganzheitliche Gedächtnistraining ein wichtiger Bestandteil des therapeutischen Gesamtkonzepts. Gedächtnistraining hat hier die Aufgabe der Reaktivierung sowie der Erhaltung und Steigerung des Selbstwertgefühls: „Das kann ich doch noch ...!" Und das ist ungeheuer wichtig. Vielleicht noch ein Hinweis: Gedächtnisprobleme kommen lebenslang vor und treten – wie ich bereits gesagt habe – mit zunehmendem Alter vermehrt auf. In der Wissenschaft wird in diesem Zusammenhang von den altersassoziierten, also mit dem Alter verbundenen Gedächtnisstörungen gesprochen oder allgemein von MCI („mild cognitive impairment"), einer leichten Beeinträchtigung der geistigen Leistungsfähigkeit. Im Zusammenhang mit einer möglichen Frühdiagnostik einer Demenz werden deswegen regelmäßige Tests empfohlen, um so früh wie möglich das kognitive Leistungsniveau stabil halten zu können.

*Worauf ist zu achten, wenn Angehörige mit von Demenz Betroffe-
nen üben wollen – was fördert, was überfordert und führt
schlimmstenfalls zur Frustration?*

Jeder Mensch, ob mit oder ohne Demenz, braucht täglich Impulse
und Herausforderungen für seine kognitiven Fähigkeiten. Immer
wieder kleine Impulse, kurze Anregungen zur geistigen Aktivität rei-
chen aus, um das Gehirn zu wecken und aus dem Ruhemodus in Ak-
tion zu bringen. Dabei kommt es nicht in erster Linie auf die Dauer
solcher Aktivitäten an, sondern vor allem auf Regelmäßigkeit und
Zielorientierung. Da die Aufmerksamkeitsspanne und die Belastbarkeit von Demenzbetroffenen nur kurz sind, sollte möglichst regelmäßig in kurzen Einheiten von etwa 20 Minuten geübt werden. Wobei
vor allem das Langzeitgedächtnis aktiviert, die Sinneswahrnehmun-
gen optimiert und Gedächtnishilfen trainiert werden sollten. Entsprechende Übungen helfen bei der Orientierung, unterstützen die
Konzentration, mobilisieren Ressourcen und stärken die vorhande-
nen Kompetenzen sowie die Koordination und Motorik.

*Haben Sie Beispiele für Übungen, die Angehörige zu Hause mit den
Betroffenen durchführen können?*

Ja, z. B. ein großes Kalenderblatt mit einem Foto – es sollten keine
Gesichter sein! – in drei bis fünf Teile zerschneiden – die Anzahl vari-
iert je nach Grad der Demenz. Dieses Puzzle soll nun wieder zusammengesetzt werden. Oder: Eine Frage wird gestellt: Was reimt sich
alles auf „Stein"? Gemeinsam wird überlegt: „mein, dein, sein, kein,
rein, ein, fein, Bein, nein, Hein, Pein" usw. Man kann auch gemeinsam
eine Zeitschrift durchblättern, die mit der Lieblingsbeschäftigung
oder dem Hobby des Betroffenen zu tun hat, beispielsweise eine Gar-
tenzeitung, einen Heimwerkerkatalog, Illustrierte mit Kochrezepten
oder Ähnliches. Lassen Sie eine Knopfschachtel sortieren, einen Sta-
pel Handtücher falten oder spielerisch Sprichwörter ergänzen. Was
Sie auch angehen, wichtig ist: Nicht das Ziel steht im Vordergrund,
sondern das gemeinsame Erleben! Die von Ihnen angesprochene

Frustration folgt nämlich nur, wenn jemand merkt: „Ich kann das nicht mehr." Deshalb sollten grundsätzlich die intakten Ressourcen durch Förderung der intakten Hirnareale gefördert werden. Ich persönlich probiere trotzdem auch immer wieder etwas Neues aus, um zu schauen, wo die Grenzen der Belastbarkeit liegen. Indem ich die individuellen Interessen und Bedürfnisse einbeziehe und das in vielen Jahren erworbene Wissen und Können der Betroffenen nutze, stärke ich ihre Kompetenzen und gebe ihnen das Gefühl: „Ich kann das noch!"

Jeder Mensch benötigt täglich Impulse, um seine kognitiven Fähigkeiten aufrechtzuerhalten.

33 MEMORY-ÜBUNGEN FÜR TREFFSICHERE GEISTESBLITZE

Du hast es eben gelesen: Wer sich mit Worträtseln beschäftigt, hält seine Gehirnfunktionen jung! Auf den folgenden Seiten findest du entsprechende Memory-Übungen aus den Bereichen assoziatives Denken, Denkflexibilität, Fantasie und Kreativität, Konzentration, logisches Denken und Merkfähigkeit. Die Lösungen kannst du ab Seite 130 nachschlagen.

S. 86   Assoziatives Denken

S. 93   Denkflexibilität

S. 100   Fantasie und Kreativität

S. 102   Konzentration

S. 106   Logisches Denken

S. 109   Merkfähigkeit

Assoziatives Denken

Beim assoziativen Denken werden Gedankenverbindungen hergestellt. Das heißt, neue Informationen werden mit bereits gespeicherten verglichen und verknüpft, denn: Je mehr solcher Gedankenverbindungen vorhanden sind, desto besser funktioniert dein
Gedächtnis. „Habe ich so etwas schon einmal gesehen oder gehört?
Das sieht ähnlich aus wie ...!" Da sich assoziatives Denken also nicht
nach eindeutigen Regeln richtet, gibt es keine wahre oder falsche
Aussage. Alles ist möglich, was für passend erachtet wird.

 Lass die Gedanken schweifen!
Assoziationsübungen motivieren dazu, deine Gedanken einfach mal
schweifen zu lassen, auf eine Wissenszeitreise zu gehen oder in
verschiedene, auch verrückte Richtungen zu denken.

Spontanes freies Assoziieren fällt nicht jedem sofort leicht. Die
meisten von uns sind an eine eher strukturiertere Form der Gedan-
kenfindung gewöhnt. Die Begrenzung von Denkschubladen aufzubrechen, kann neue Kreativität freisetzen, indem z. B. Begriffe und
Gegenstände in völlig unterschiedlichen Zusammenhängen betrachtet werden und eine neue spannende Bedeutung bekommen.
Beispiel: Ein Schweizer denkt beim Begriff Zug eher an den Ort im
gleichnamigen Kanton in der Zentralschweiz als der Liebhaber von
Modelleisenbahnen. Und ein Arzt denkt spontan an ein anderes
Pflaster als der Straßenbauer.

Memory 1: Zeitreise

1. Welches **A** war von 1949 bis 1963 der erste Bundeskanzler der Bundesrepublik Deutschland?

2. Welches **B** erschien erstmals am 26. August 1956 als eigenes Sprachrohr für Jugendliche und wurde im November 2019 auf monatliche Erscheinungsfrequenz im Zeitschriftenmarkt umgestellt?

3. Welches **C** ist eine Schauspielerin, die 2019 bei einem Ostwind-Spielfilm mitspielte und bereits 1951 mit einem Lied über ein sommerliches Utensil zum Kinderstar wurde?

4. Welches **D** war ein Kultfilm der 1950er-Jahre, in dem James Dean die Hauptrolle spielte?

5. Welches **E** war 1998 eine romantische Filmkomödie mit Tom Hanks und Meg Ryan, die sich im Internet „Shopgirl" nannte?

6. Welches **F** gewann die Bundesrepublik Deutschland am 8. Juli 1990 in Rom?

7. Welches **G** bezeichnet – in Anlehnung an eine Stadt im Ruhrgebiet – eine deutsche Wohnkultur vor allem der 1950er-Jahre?

8. Welches **H** bringt mit Gewichten oder Massagenoppen ausgestattet Bauch und Hüften in Schwung und bestand in den 1950er-Jahren vor allem aus Holz?

9. Welches **I** wurde von 1955 bis 1962 gebaut und als „Knutschkugel" oder „Asphaltblase" bezeichnet?

10. Welches **J** aus den 1940er-Jahren konnte man mit Groschen füttern und begeistert Sammler auf Messen bis heute?

11. Retrolook der 1960er-Jahre: Welches **K** war das abwaschbare Material, aus dem auch Möbel oder Möbelbeschläge gefertigt wurden?

12. Welches **L** stammte aus Österreich und wurde 1960 mit dem Hit „Seemann, deine Heimat ist das Meer" bekannt?

13. Welches **M** ist ein Gastronomiebetrieb, in dem in den 1950er- und 1960er-Jahren nur nichtalkoholische Getränke ausgeschenkt wurden?

14. Welches **N** war ein für die 1950er-Jahre typisches Möbelstück, das nach der Form eines Organs benannt wurde und sich im Retrodesign wieder wachsender Beliebtheit erfreut?

15. Welches **O** aus der Schweiz hatte 1959 mit dem „Kriminaltango" einen großen Hit?

16. Welches **P** ist ein 1984 veröffentlichter Song des 2016 verstorbenen Musikers Prince?

17. Welches **R** ist eine Actionkomödie aus dem Jahr 1998, in der die elfjährige Tochter des chinesischen Konsuls Han entführt wird, der kurzerhand das angeblich Beste, das Hongkongs Polizei zu bieten hat, nach Los Angeles einfliegen lässt?

18. Welches **S** war romantisch und Titel der Trilogie, in der Romy Schneider die Hauptrolle spielte?

19. Welches **T** bezeichnet eine für die 1950er-Jahre elektrische Lampe mit typischerweise drei bunten Schirmen?

20. Welches **U** war von 1982 bis 1987 Ministerpräsident Schleswig-Holsteins und wurde im Oktober 1987 tot im Genfer Hotel Beau-Rivage aufgefunden?

21. Welches **V** war der Grund, warum der 17. Juni von 1953 bis 1990 in der damaligen BRD zum Gedenktag und gesetzlichen Feiertag wurde?

22. Welches **W** bezeichnete schnellen Wiederaufbau und ökonomischen Aufschwung in den 1950er-Jahren?

23. Welches **Z** war in den 1960er- und 1970er-Jahren eine beliebte Tischdekoration mit Gewürznelkenaugen und Streichholzbeinen – besonders zu Sylvester?

Memory 2: Was kann man alles ...?

Beispiel: Was kann man alles lösen? Lösung: Rätsel, Knoten,

Probleme, Verbindungen ...

Jetzt bist du dran: Was kann (man) alles ...

1. schneiden?   _____
2. absetzen?   _____
3. unterhalten? _____
4. teilen?   _____
5. abnehmen?   _____
6. lesen?   _____
7. (be-)treiben? _____
8. erkennen?   _____

Memory 3: Familiensache

In dem folgenden Mix verbergen sich drei Lieder. Dabei sind die verschiedenen Texte durcheinandergeraten. Kannst du herausfinden, um welche Lieder es sich hier handelt und ob es Gemeinsamkeiten gibt?

Lied 1: _____

Lied 2: _____

Lied 3: _____

Memory 4: Kopfnuss in Bewegung

Um welche vier Lieder handelt es sich in diesem Potpourri?

Lied 1: _____

Lied 2: _____

Lied 3: _____

Lied 4: _____

Memory 5: Ga-ga-gaaack-gack-gack

Zieht es dich oft in die Ferne? Vier Lieder sind auch hier zu finden.

Lied 1: _____

Lied 2: _____

Lied 3: _____

Lied 4: _____

Memory 6: Marie und Meer

Achtung, jetzt wird es nass: Welche 4 Lieder versteckt dieses Potpourri?

Lied 1: _____

Lied 2: _____

Lied 3: _____

Lied 4: _____

Denkflexibilität

Flexibilität im Denken beschreibt deine Fähigkeit, wie schnell du auf wechselnde Situationen reagieren kannst. Auch hier kommst du nicht umhin, ausgetretene Denkpfade zu verlassen. Geistig beweglich zu bleiben, wirkt auch entsprechend erfrischend auf dein Handeln.

Weite den Blickwinkel!
Denkflexibilität ist auch ausschlaggebend für die Umstellungsfähigkeit in ungewohnten Situationen, beispielsweise bei Antritt eines neuen Jobs, bei Arbeitsverdichtung oder dem Einsatz neuer Technologien. Ein gezieltes Training, bei dem Querdenken gefördert wird, erweitert den eigenen Blickwinkel und macht fit für persönliche Entscheidungsprozesse – beruflich wie privat.

Memory 7: Schüttelanagramm

In der folgenden Geschichte fehlen Begriffe, die es aus den auf Seite 94 aufgeführten geschüttelten Buchstaben zu finden gilt. Achtung: Jedes der Wörter kann zu zwei verschiedenen sinnvollen Begriffen zusammengesetzt werden. Bilde am besten zuerst die Begriffe und füge sie dann in den Text ein.

Jedes Jahr im Sommer machen wir eine … (1) auf eine … (2) im … (3). Klaus ist von Beruf Lektor, und ich spiele in einem Orchester. Um uns so richtig zu erholen, mieten wir uns für die Dauer unserer … (4) ein altes … (5). Hier wohnt nur noch eine alte Dame, die früher von Beruf … (6) in unserem Internat war. Die … (7) ist dort … (8) von Abgasen, und deshalb benutzen wir dort auch immer unser … (9) und lassen den … (10) zu Hause. Für unsere … (11) packen wir uns genug … (12) in die … (13), und los geht's über die schönsten … (11). Wir fahren vorbei an Wiesen und Feldern, auf denen der … (14) schon …

(8) ist und manch ein Bauer seine … (12) schwingt. Tief … (9) durch den Wind, der … (13) durch unsere Haare streift. Am … (15) sehen wir die … (7), und durch die … (2) unseres Fernrohrs sehen die Wellen ganz schön gefährlich aus. Einmal ist Klaus mit seinem Rad hingefallen. Plötzlich hörte ich laute … (15) des … (5), und als er aufstand, war seine rechte … (10) ganz verfärbt. Zum Glück war außer dem Bluterguss nichts weiter passiert, und seine … (4) waren auch noch in Ordnung. Auf dem Heimweg hörten wir aus der Ferne lauten … (3) und sahen eine … (1) von Blitzen, so dass wir uns sputen mussten, um noch trocken ins … (6) zurückzukommen. Da man bei einem Gewitter sicherheitshalber keinen Fernseher anmachen sollte, spielte ich an diesem Abend zum Zeitvertreib einige Stücke auf meiner … (14).

Begriffe:
(1) EEIRS

(2) EILNS

(3) DENNOR

(4) EEFINR

(5) EKLORST

(6) AEEFHINRSU

7) FLTU

(8) EFIR

(9) ADEMNT

(10) AEGNW

(11) ENORTU

(12) EENSS

(13) ACEHST

(14) AEFHR

(15) EFRU

Memory 8: Büroklammern zum Angeln

Bewegt man sich nur in gewohnten Denkbahnen, gelingt es oft nicht, eine Lösung für ein Problem zu finden. Wagt man es, die Denkmuster zu verlassen und flexibel zu denken, kommt man oft überraschend schnell zur Lösung. Hier setzen die Memorys 8 bis 10 an: Die genannten Gegenstände können jeweils zu ihrem ursprünglichen Verwendungszweck eingesetzt werden oder auch völlig anderen Zwecken dienen. Beispielsweise kann eine Büroklammer nicht nur Papiere zusammenhalten, sondern auch als Angelhaken benutzt werden oder dabei helfen, ein Kapuzenband wieder einzuziehen usw. Überlege jeweils zwei möglichst verrückte Verwendungsmöglichkeiten für folgende Gegenstände:

Zahnseide

Radiergummi

Tempotaschentuch

Memory 9: Korken als Nadelkissen

Überlege ungewöhnliche Verwendungsmöglichkeiten für diese Gegenstände:

Gummiring

Heftpflaster

Kaugummi

Memory 10: USB-Stick als Kettenanhänger

Und noch eine Runde! Wofür könntest du diese Gegenstände noch
verwenden?

Nagellack _____

_____

Wäscheklammer _____

_____

Klebeband _____

_____

Memory 11: Zusammenhänge erkennen

Die Memorys 11 bis 14 kannst du auch als Gruppenspiele angehen.
Manche Lösungen regen zur Biografie-orientierten Diskussion an und
können Zusammenhänge deutlich machen. Los geht's!
Besprecht folgende Frage:
Warum kann der Merksatz bzw. die Eselsbrücke „Mein Vater erklärt
mir jeden Sonntag unsere neun Planeten" seit dem Jahr 2006 nicht
mehr als Merkhilfe verwendet werden?

_____

_____

_____

Memory 12: Wissensspiel

Ein Wissensspiel für das flexible Denkvergnügen: Welche literari-
schen Werke kennst du, in denen Tiere eine Hauptrolle spielen?

_____

_____

_____

_____

_____

_____

_____

Memory 13: Nachdenken mit Blubb

Nachdenken und Wissen sind auch hier gefragt: Immer wieder ein Thema und Grund zur Freude vieler, nicht mehr so viel Spinat essen zu müssen wie die Kinder im 20. Jahrhundert. Was ist passiert?

Memory 14: Achtung, Verkehrsfunk

Bis Anfang 2003 zeigten etwa 10.000 blauweiße Verkehrsfunk-Hinweisschilder an den Autobahnen Radiosender mit Verkehrsfunk an. Warum sieht man sie heute nur noch vereinzelt bzw. welche moderne Lösung nutzen wir heute ganz selbstverständlich und wie funktioniert diese?

Memory 15: Gesucht wird ...

... eine Gemeinschaft von mehreren Gesangsgruppen. Kommst du darauf?

- Sie ist im Raum Stuttgart ansässig.
- Gotthilf Fischer wurde als ihr Leiter einem breiten Publikum bekannt.
- Die Gesangsgruppen haben hauptsächlich Volkslieder und volkstümliche Lieder, aber auch klassische Werke im Repertoire.
- In den 1990er-Jahren erhielt die gesuchte Gemeinschaft eine eigene Fernsehreihe „Die Straße der Lieder", bei der die Gesangsgruppen mit einem alten Omnibus durch die Lande fuhren.

Memory 16: Perfekt frisiert ...

... und dabei nie langweilig, so kennen wir die extravaganten und ausdrucksstarken Looks von Choreograph Jorge Gonzalez. Eine gute Frisur machten die Männer aber auch schon zu früheren Zeiten – im wahren Sinn des Wortes. Kommst du drauf?

- In den 1980er-Jahren war die gesuchte Frisur bei Männern beliebt.
- Chemikalien sorgten dafür, dass sich die Haare in winzig kleine Locken kräuselten.
- Vermutlich kommt der Name aus dem Französischen und bedeutet „kleine Falte".
- Wegen dieser Frisur wurde der frühere Teamchef der deutschen Fußballnationalmannschaft Rudi Völler auch „Tante Käthe" genannt.

Memory 17: Kennst du ...

... folgendes Verkaufskonzept, genauer gesagt, ein bestimmtes Vertriebssystem für Bücher?

- Um diese exklusiv oder zu Vorzugspreisen erwerben zu können, muss man Mitglied in einer bestimmten Organisation sein.
- Die Mitglieder verpflichten sich zur Abnahme einer Mindestmenge an Büchern in einem bestimmten Zeitraum.
- Ab 1950 entstanden viele kleinere solcher Gemeinschaften.
- Heute spielen sie auf dem Buchmarkt keine wichtige Rolle mehr.

Memory 18: Nur nicht verwechseln!

Es werden jeweils zwei Begriffe gesucht, die man leicht verwechseln kann. Ein Begriff hat immer mit dem Thema Kleidung und Mode zu tun, der andere überhaupt nicht. Wichtig: Die Begriffe weichen immer leicht voneinander ab.

1. a) serienmäßige Anfertigung von Bekleidung _____

    b) Naschereien aus Schokolade _____
2. a) Schläfenbart aus den seitlich vor den Ohren herabhängenden Haarsträhnen _____

    b) paniertes Fleischstück aus dem Rippenknochen _____
3. a) kleine Stofffalten, die unter Verwendung von Gummifäden zu Mustern gebündelt werden _____

    b) Luftverunreinigung durch Industrie- und Autoabgase _____
4. a) langes Obergewand, Amtstracht von Richtern und Geistlichen _____

    b) alte Geldmünze _____
5. a) Damenschuh ohne Schnürung oder Riemen mit zeitmodischem Absatz _____

    b) Schulden machen _____
6. a) Halbperücke _____

    b) Wandbekleidung _____ _____
7. a) dichtgewebter Mantelstoff mit ausgeprägten Schrägrippen _____

    b) Vorhang _____
8. a) Slip mit hohem Beinausschnitt _____

    b) südamerikanischer Tanz _____

Anmerkung: Die Memory-Übungen 15 bis 17 wurden zur Verfügung gestellt von Andrea Friese, aus: Gummitwist und Wackeldackel. Rund um alte Begriffe und Gegenstände. Vincentz Network, Hannover 2018.

Fantasie und Kreativität

Kreativität ist die Fähigkeit zu schöpferischen Einfällen und zum Finden neuer Lösungen. Fantasie ist das Verlassen gewohnter Denkbahnen zu ganz neuen Dimensionen. Bei den folgenden Gedächtnisspielen nutzt du das bildhafte Vorstellungsvermögen, also vor allem deine rechte Gehirnhälfte. Viel Spaß!

Bilder, Bilder, Bilder!
Dein Gehirn liebt Bilder: Informationen und Lerninhalte wie Vokabeln, Namen, Daten oder Ähnliches werden auf diese Weise besser gespeichert und gemerkt. Je lustiger, verrückter oder abstrakter, umso besser!

Memory 19: Kreative Satzbildung

Es werden Sätze gesucht, in denen möglichst oft „aa" in den verwendeten Worten steckt. Achtung: Es darf kein Wort verwendet werden mit nur einem „a". Beispiel: „Im Aachener Saal jenes Paar genoss Aal." Variante: Suche Sätze mit vielen Worten, in denen „oo", aber kein „o" steckt.

_____

_____

_____

Memory 20: Rosige Wortsuche

Bilde für jeden der folgenden Buchstaben einen Satz. Alle Wörter des Satzes müssen dabei mit dem vorgegebenen Buchstaben anfangen. Beispiel: D = „Drei dünne Damen drängeln durch die Dampfsauna."

R = _____

O = _____

S = _____

E = _____

Memory 21: Gleich und gleich gesellt sich gern ...

... lautet ein alter Spruch bezogen auf Partnerschaften (dass dies nicht so ist, hat die Wissenschaft längst herausgefunden). Um Gemeinsamkeiten von Begriffen geht es in diesem Gruppenspiel: Kopiere die folgenden Begriffe auf Karton und schneide Begriffskärtchen aus. Jeder Teilnehmer zieht sich einen Begriff und vergleicht ihn mit dem des Sitznachbarn. Fangt an zu diskutieren und werdet kreativ: Welche Gemeinsamkeiten verbinden beide Wörter? Beispiel: Schnürsenkel und Hühnersuppe haben beide den Umlaut „ü" im Wort, beides kann man binden ... Grundsätzlich sind alle Gemeinsamkeiten möglich, vermeidet jedoch negative Merkmale (z. B. „Zeitung und Bügelbrett sind keine Lebensmittel"). Außerdem solltet ihr die Gedankenverbindungen genau beschreiben bzw. begründen.

Notenblatt	Autobahn
Herrenfahrrad	Milchflasche
Schnürsenkel	Hühnersuppe
Laubfrosch	Kreuzfahrtschiff
Bügelbrett	Kaffeesatz
Käfig	Wohnwagen
Wahrsagerin	Knackwurst
Zeitung	Schaukelstuhl
Kettenkarussell	Reißverschluss
Föhn	Sahnekurchen

Konzentration

Schenkst du den folgenden Gedächtnisspielen deine ungeteilte Aufmerksamkeit, ohne dich von anderen Dingen ablenken zu lassen? Konzentration bedeutet eine geistige Sammlung, die gezielte Lenkung auf bestimmte Erlebnisinhalte (Wahrnehmungen, Gedanken, Handlungen). Sie ist die Voraussetzung für deine Merkfähigkeit, denn ohne Konzentration werden Informationen nicht richtig aufgenommen. Du kannst sie also auch nicht dauerhaft abspeichern. Doch muss sich jeder von uns Tag für Tag in der Regel mehrere Stunden konzentrieren können: in der Schule, in der Uni, am Arbeitsplatz, im Straßenverkehr, bei alltäglichen Besorgungen, im Haushalt etc. Versuche bei den folgenden Übungen wirklich alles andere um dich herum auszublenden und rasch die jeweilige Lösung zu finden. Wenn deine Gedanken abschweifen, kehre möglichst fokussiert immer wieder ausschließlich zu der Übung zurück, die du gerade vor dir hast.

 Aufmerksamkeit zu verschenken!
Ob in Schule, Studium oder Beruf oder auch im privaten Bereich: Gute Leistung kannst du nur erbringen, wenn du deine ganze Aufmerksamkeit auf die betreffende Sache lenkst. Anlaufschwierigkeiten, Flüchtigkeitsfehler und Vergesslichkeit sind sichere Anzeichen für Konzentrationsstörungen. Die häufigsten Ursachen sind im Lebensalltag und persönlichen Umfeld zu finden. Manchmal ist es aber auch einzig und allein eine Frage des Trainingszustandes deines Gehirns.

Memory 22: Der neue Teppich

Jana und David haben sich für ihre neue Wohnung einen Teppich gekauft – ein echter Hingucker. Ausgefallene Muster sind hier puzzlear-
tig zusammengefügt. Bei der Wohnungseinweihung fällt einer
Freundin das individuell futuristische Quadratdesign auf.

Wie viele Quadrate findest du im Teppich? _____

Memory 23: Viereckige Wortsuche

Jetzt geht es um ein Viereck, in dem zehn Wörter versteckt sind. Suche waagerecht, senkrecht und diagonal. Tipp: Alles dreht sich hier um Haushaltsgeräte und Küchengegenstände.

T	H	E	R	D	P	L	A	T	T	E	R
S	H	Y	N	C	T	K	M	M	F	E	B
K	I	E	B	C	P	E	Y	C	U	L	A
Q	O	H	R	R	W	T	H	E	E	R	C
U	G	C	B	M	O	C	R	A	I	I	K
I	U	H	H	E	O	T	G	M	M	G	O
R	I	B	M	T	S	S	K	F	E	W	F
L	P	T	Y	Z	O	T	K	O	R	I	E
O	C	Q	L	K	Y	P	E	A	R	C	N
Y	Q	A	J	D	M	F	F	C	N	B	Z
D	S	A	I	O	X	N	K	W	K	N	V
S	T	A	U	B	S	A	U	G	E	R	E

Memory 24: Ferienerlebnisse an einem rätselhaften Fluss

In den letzten Herbstferien fuhren wir wieder in dasselbe Urlaubsdomizil wie in den Jahren zuvor. Es handelt sich um einen kleinen Ort an einem der schönsten Flüsse Deutschlands; doch um welchen Fluss es sich handelt, kannst du herausfinden, wenn du diesen Text aus einem anderen Blickwinkel betrachtest.

Einen Tag vor der geplanten Abreise musste ich mich noch einer Wurzelbehandlung bei meinem Zahnarzt Engelbert Helbermann in Heidelberg unterziehen, der mir selber noch eine Einzelberatung mit auf den Weg gab. Vor lauter Nervosität hatte ich mir noch das Nagelbett eingerissen, so dass ich mir diese Heilmittelbehandlung am liebsten erspart hätte.

Doch als es endlich losging, freute ich mich auf die Fahrt in unserer gelben Familienkutsche. Durch die sanften Schaukelbewegungen schlief ich auch bald ein. Meine bessere Hälfte weckte mich erst in Wuppertal-Elberfeld zum Picknick. Gegen Abend kamen wir müde am Urlaubsort an. Der Hotelbesitzer bereitete uns einen herzlichen Empfang. In unserem Zimmer wartete nicht etwa ein schlichtes Doppelbett, nein, sogar ein Himmelbett auf uns! Im Preis sollte sogar die Bademantelbenutzung inbegriffen sein.

Wir zogen uns um und gingen zunächst in das Restaurant, wo wir uns zum Essen vom heimischen Wein ein Viertel bestellten. Anschließend besuchten wir das Casino nebenan, um einmal einen solchen Spielbetrieb von innen kennenzulernen. Am Nachbartisch saßen gerade Steven Spielberg und Giovane Elber ins Gespräch vertieft.

Eine ganze Woche lang wohnten wir in unserem familiären Hotelbetrieb mit Himmelbett und Einzelbetreuung durch das Personal. Wir genossen das schöne Wetter und wanderten durch die Flusslandschaft mit den Vogelbeerbäumen und ihren goldgelben Blättern. Und wenn jetzt bei dir noch Zweifel bestehen, an welchem schönen Fluss wir Urlaub gemacht haben, dann solltest du diesen Text noch einmal einer Doppelbearbeitung unterziehen. Denn der Gesuchte wird **28-mal** genannt, wenn auch nicht immer eindeutig. Viel Spaß beim Raten!

Logisches Denken

Logisches Denken ist von deiner Vernunft geleitetes, rationales Denken. Dabei werden neue Informationen mit bereits im Langzeitgedächtnis gespeicherten Kenntnissen, Beobachtungen, Einsichten und Erfahrungen verbunden, um ein aktuelles Problem zu lösen. Logische Aussagen sind stets nachvollziehbar und nachprüfbar. Und einen Sachverhalt logisch zu überdenken und auf diese Weise Lösungen finden zu können, befähigt dich, in deinem Alltag entsprechend logisch zu handeln.

Ist doch logisch!
Immer wieder aufs Neue ziehen wir Schlussfolgerungen aus unserem Wissensschatz und wenden diese im täglichen Leben an. Schon alltägliche Situationen, wie das Einkaufen im Supermarkt, erfordern logische Denkprozesse, beispielsweise Preisvergleiche.

Memory 25: Na logisch, oder?

Wie geht es bei diesen Buchstaben- und Zahlenspielen jeweils weiter: Entscheide dich für eine der drei genannten Auswahlmöglichkeiten.

M D M D ...	a) N E	b) F S	c) D M
23 – 34 – 45 – 56 – ...	a) 67	b) 76	c) 78
8 – 3 – 1 – 5 – 9 – 6 – 7 – ...	a) 2	b) 10	c) 4
I – X – IV – VII – VIII – ML – XLVI – ...	a) MML	b) MLX	c) XLII

Memory 26: Vom Himmel bis nach Dortmund

Wie geht es bei diesen Begriffen und Buchstaben jeweils weiter?
Entscheide dich für eine der vier Möglichkeiten.

Kollege – Galeeren – Himmel – Flugzeuge – Igel – Doppeldecker – ...
a) Lager   b) Airport   c) Blume   d) Riff
Dortmund – Remagen – Minden – Falkenstein – Soest – Landshut – ...
a) Frankfurt   b) Siegen   c) Celle   d) Köln
Adel – Film – First – Forst – Most – Beginn – Klotz – ...
a) Affe   b) Woge   c) Beil   d) Hand
R – O – G – G – B – I – ...
a) B   b) R   c) A   d) V

Memory 27: Spezialitätenwunder

Und noch eine Runde. Wie geht es weiter: Entscheide dich wieder für
eine von vier Möglichkeiten.

Achtung – Bar – Charade – Geradeaus – Schlaf – ...
a) Spezialität   b) Nonne   c) Katze   d) Panther
Automat – Cannabis – Neuling – Deklaration – Chefredakteur – ...
a) Kaffee   b) Botengang   c) Riesling   d) Schilderung
Mantel – Pullover – Rock – Blazer – Frack – Strumpf – ...
a) Weste   b) Mieder   c) Hut   d) Bluse
Leiter – Kiefer – Tau – Kiwi – Tor – Mast – See – ...
a) Mangel   b) Wunder   c) Wal   d) Auto

Memory 28: Beziehungen bilden

Welche Beziehung besteht jeweils zwischen den beiden angegebenen Wörtern? Finde jeweils ein neues Beziehungspaar, das dazu passt, indem du einen der drei vorgegebenen Begriffe auswählst.
Beispiel: Es verhält sich Baby zu Milch wie Ernte zu ...?
Lösung: Die Milch steht in der gleichen Relation zum Baby wie der Dünger zur Ernte.
Du bist dran. Es verhält sich ...

1. Tülle zu Teekanne wie ... zu Kerze	a) Docht b) Streichholz c) Dunkelheit
2. Sorbet zu gefroren wie Heu zu ...	a) gelb b) getrocknet c) gefüttert
3. Unkraut zu Pflanzen wie Grippe zu ...	a) Schnupfen b) Gesundheit c) Krankheit
4. Bibliothek zu ... wie Öl zu Energie	a) Sonne b) Information c) Regal
5. Oskar zu Preis wie Tarantel zu ...	a) Spinne b) Netz c) Ware
6. Bild zu Postkarte wie ... zu Tisch	a) Arm b) Bein c) Boden
7. Hahn zu krähen wie Horn zu ...	a) kämpfen b) abstoßen c) hupen
8. Reifen zu Auto wie Tasten zu ...	a) Schalter b) Klavier c) Griff

9. Knochen zu Finger wie … zu Picknick	a) Decke b) Berg c) Wanderung
10. Schach zu … wie Forelle zu Fisch	a) Gesellschaft b) Spiel c) Turnier

Merkfähigkeit

Deine Merkfähigkeit ist, wie du ja schon weißt, abhängig von deinen Interessen, der Motivation, der Konzentration sowie deiner psychischen und physischen Verfassung. Je mehr Sinne du in Anspruch nimmst, um etwas zu behalten, desto sicherer ist das Wiederabrufen möglich. Im Alltag benötigen wir z. B. kurzfristig die Fähigkeit, die Nummer des Parkplatzes im Parkhaus zu behalten. Inhalte wie PIN-Codes speichern wir (hoffentlich) längerfristig ab.

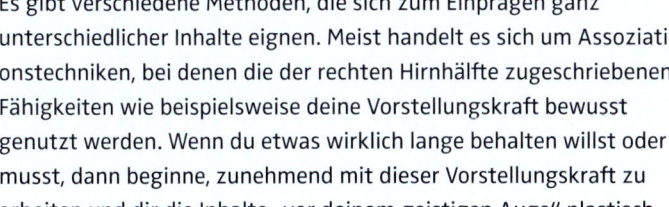

Sieh mit dem inneren Auge!

Es gibt verschiedene Methoden, die sich zum Einprägen ganz unterschiedlicher Inhalte eignen. Meist handelt es sich um Assoziationstechniken, bei denen die der rechten Hirnhälfte zugeschriebenen Fähigkeiten wie beispielsweise deine Vorstellungskraft bewusst genutzt werden. Wenn du etwas wirklich lange behalten willst oder musst, dann beginne, zunehmend mit dieser Vorstellungskraft zu arbeiten und dir die Inhalte „vor deinem geistigen Auge" plastisch vorzustellen.

Memory 29: In der Biobäckerei

Lies die folgende Geschichte und präge dir dabei mithilfe deines geistigen Auges möglichst viele Details ein. Anschließend ergänzt du aus deiner Erinnerung heraus (ohne nochmals nachzulesen!) die fehlenden Textteile im Lückentext rechts.

Balduin Borstig besitzt seit vielen Jahren eine Bäckerei in Bad Breisig, einer Kurstadt im Landkreis Ahrweiler in Rheinland-Pfalz. Sein Laden in der Beethovenstraße ist weit und breit bekannt durch seine besonderen Biobackwaren ohne Zusatz von Bindemitteln. Am Montag beliefert er das Bundesfinanzministerium mit 90 belegten Brötchen und 140 Brezeln, dazu einigen Behältern mit bestem Bohnenkaffee. Jeden dritten Dienstag im Monat betritt sein Bäckerlehrling Bertram das gegenüberliegende Bankhaus mit je zehn Blechen voll Bienenstich, Berliner Ballen und Blätterteigtaschen, denn die Banker laden dann die besten Kunden zu einem Brunch ein. Dazu gibt es meistens Berliner Weiße. Mittwochs bestückt Balduin seinen Stand auf dem Bauernmarkt. Dort begehren die Kunden sein bestes Bauernbrot aus Buchweizenmehl, seine Bauernbrötchen und das Bärlauchbrot. Aber auch Spezialitäten wie Bruschetta, Buttercremetorten und belgische Waffeln werden besonders gerne gekauft. Jeden Donnerstag um 15 Uhr betritt er die Beratungsstelle im Bezirksrathaus und berät dort Besucher zum Thema biologische Backwaren. Als Warenproben hat er acht Blechkuchen und 25 Butterkekse dabei. Sein Angestellter Bertram backt am Freitag 20 Bleche Biskuitrollen für den Billardclub in Bad Hönningen auf der anderen Rheinseite. Der Bäckerlehrling mit dem markanten Backenbart beeilt sich mit der Auslieferung, damit er ab 18 Uhr seiner Nebenbeschäftigung als Boxer nachgehen kann. Samstags von 7 bis 12 Uhr bedient Balduin Borstig mit Begeisterung die Besucher in seinem Betrieb. Besonders beliebt sind seine Bananenmuffins und das Bratapfeltiramisu – sie sind nicht besonders billig, dafür aber die beste Wahl für das abendliche Buffet. Am Sonntag bleibt die Biobäckerei zu, denn dann braucht Balduin Borstig die Zeit für seine bessere Hälfte, seine Frau Brigitte.

Jetzt bist du dran. Ergänze diesen Lückentext (ohne links nochmals nachzulesen!):

_____ Borstig besitzt seit vielen Jahren eine Bäckerei in Bad _____, einer Kurstadt im Landkreis _____ in Rheinland-Pfalz. Sein Laden in der _____ ist weit und breit bekannt durch seine besonderen Biobackwaren ohne Zusatz von _____. Am Montag beliefert er das Bundesfinanzministerium mit _____ belegten Brötchen und 140 _____, dazu einigen _____ mit bestem Bohnenkaffee. Jeden _____ Dienstag im Monat betritt sein Bäckerlehrling _____ das gegenüberliegende _____ mit _____ Blechen voll _____, Berliner Ballen und Blätterteigtaschen, denn die Banker laden dann die besten Kunden zu einem _____ ein. Dazu gibt es meistens _____ Weiße. Mittwochs bestückt _____ seinen Stand auf dem _____. Dort begehren die Kunden sein bestes Bauernbrot aus Buchweizen-mehl, seine Bauernbrötchen und das _____brot. Aber auch Spezialitäten wie Bruschetta, _____ und _____ Waffeln werden besonders gerne gekauft. Je-den Donnerstag um _____ Uhr betritt er die Beratungsstelle im Bezirksrathaus und berät die Besucher zum Thema biologische Back-waren. Als Warenproben hat er _____ Blechkuchen und _____ Butterkekse dabei. Sein Angestellter _____ backt am Frei-tag _____ Bleche Biskuitrollen für den _____ in Bad _____ auf der anderen Rheinseite. Der Bäcker-lehrling mit dem markanten _____ beeilt sich mit der Auslieferung, damit er ab _____ Uhr seiner Nebenbeschäftigung als _____ nachgehen kann. Samstags von sieben bis _____ Uhr bedient _____ Borstig mit Begeisterung die Besucher in seinem Betrieb. Besonders beliebt sind seine _____muffins und das _____tiramisu – sie sind nicht besonders billig, dafür aber die beste Wahl für das abendliche _____. Am Sonntag bleibt die Biobäckerei

zu, denn dann braucht _____ _____

die Zeit für seine bessere Hälfte, seine Frau _____.

Memory 30: Vertauschte Ziffern

In den folgenden Rechenaufgaben haben die Ziffern 2 und 5 eine
neue Bedeutung: Ihre Werte sind vertauscht. Die Ziffer 2 zählt also 5,
und die 5 zählt 2. Beispiel: $9 + 5 - 4 - 2 = 9 + 2 - 4 - 5 =$ Lösung: 2

Löse die folgenden Rechenaufgaben im Kopf! Das verlangt ein hohes
Maß an Konzentration. Trainiert wird daher neben dem Arbeitsgedächtnis auch deine zielgerichtete Aufmerksamkeit.

a) $9 - 2 - 3 + 6 + 5 - 3 + 2 - 9 + 8 + 3 =$ _____

b) $2 + 9 + 4 - 7 - 3 + 6 - 5 + 3 + 4 - 8 =$ _____

c) $9 - 8 + 2 + 7 - 5 + 3 - 5 - 9 + 4 + 5 =$ _____

d) $7 + 2 - 6 + 3 - 4 - 5 + 8 + 3 + 4 - 3 =$ _____

e) $3 + 4 - 5 + 6 + 9 - 2 - 4 - 7 + 5 + 7 =$ _____

f) $3 \times 2 + 2 - 3 - 5 + 8 + 5 - 7 + 9 + 11 =$ _____

g) $45 : 2 + 7 - 2 + 8 + 13 - 2 + 5 + 4 =$ _____

h) $13 - 2 + 12 + 9 - 5 - 3 + 7 + 11 - 5 =$ _____

i) $16 : 4 + 5 + 2 + 13 - 2 + 8 + 14 + 5 =$ _____

j) $9 + 8 - 7 + 6 - 5 + 4 - 3 + 2 - 1 =$ _____

Memory 31: Visualisieren

Lies die folgende kurze Situationsschilderung. Die Antwort sollte nur
durch Visualisierung im Gedächtnis erarbeitet werden.
Anna ging in ihrer Mittagspause zum Einkaufen in den Supermarkt.
Martin konnte erst nach seinem Dienst dorthin; er machte gegen
16 Uhr Feierabend. Britta betrat den Laden zwei Stunden vor Martin.
In welcher Reihenfolge betraten die drei Personen den Supermarkt?

Memory 32: Gold für …

Probiere es gleich noch einmal. Visualisieren heißt auch hier das Motto.

Monika hat beim Citylauf eine Silbermedaille gewonnen. Julia hat die Bronzemedaille knapp verfehlt. Leni ist schneller als Julia, aber langsamer als Emma.

Wer hat die Goldmedaille gewonnen? Wie sind die Plätze zwei bis vier belegt?

Memory 33: Versenkt

Aller guten Dinge sind drei: noch einmal visualisieren.

Tom, Max und Paul spielen Billard. Auf dem Tisch liegt die rote Billardkugel mit der Zahl 11 rechts neben der blauen Kugel mit der Zahl 2. Ganz links liegt die gelbe Billardkugel mit der 9.

Wie sieht die Anordnung auf dem Billardtisch aus?

Die Lösungen findest du auf Seite 130.

BRAIN FIT UND RELAX: WARUM DENKEN LÄUFT

Weil unser Gehirn unfassbar komplex ist, steht die Wissenschaft bei seiner Erforschung letztlich noch ganz am Anfang. Dass es sich aber sehr über Sport und Bewegung freut, weil körperliche Aktivität nicht nur deine Muskelkraft, sondern auch deine Gehirnstärke voranbringen kann, hat die Hirnforschung längst belegt. Rhythmische Abläufe wie etwa beim Walken und Tanzen, bei Sport, Gymnastik oder ganzheitlichen Bewegungsprogrammen können deine kognitive Leistungsfähigkeit optimieren und effektives Hirntraining möglich machen. Auch die Durchblutung des Gehirns insgesamt wird verbessert.

„Lernen ist Erfahrung – alles andere ist Information."

Albert Einstein (Physiker, 1879–1955)

So macht der Körper dem Kopf Beine

Dass sportliche Aktivität und Training die Gehirnfunktionen verbessern können, haben zahlreiche Studien gezeigt. Sport wirkt sich z. B. positiv auf die Wahrnehmung aus, so das Ergebnis einer Untersuchung an der Freien Universität Brüssel. Auch bei Demenz konnte Bewegung die kognitive Leistung positiv beeinflussen, so ein Fazit brasilianischer Forscher bereits im Jahr 2004. Und eine Ende Januar 2019 in der Fachzeitschrift *Nature Medicine* veröffentlichte Studie ergab für Menschen zwischen 61 und 88 Jahren sowohl ohne als auch mit milder kognitiver Einschränkung (MCI, „mild cognitive impairment") eine verbesserte Gedächtnisleistung und höhere Sprachkompetenz durch Ausdauertraining. Noch einmal: Bewegung tut also nicht nur Muskeln, Gelenken und Kreislauf gut – auch für die Gehirnfunktionen ist körperliche Aktivität entscheidend.

> **!**
>
> Jede Bewegung für deinen Körper ist auch ein Highlight für das Gehirn.

Spazieren geht über Studieren

Je reichhaltiger vor allem in den ersten Lebensjahren die Bewegungsaktivitäten sind, desto optimaler ist der Effekt auf die Reifung mentaler Funktionen: Durch vielfältige Aktivitäten wie Laufen, Springen, Klettern, Balancieren, Wippen oder Purzelbaumschlagen verankern sich im Gehirn wichtige Erfahrungen für das Gefühl von Raum und Zeit. Auch bei Erwachsenen profitiert die fluide Intelligenz oder einfach gesagt die geistige Beweglichkeit von körperlicher Bewegung: Bist du aktiv, kann dein Gehirn mehr leisten, weil es effektiver arbeitet.

Noch mehr verspricht der schwedische Facharzt für Psychiatrie und Psychotherapie Anders Hansen in seinem Buch Brainfit: „Die Prozesse, die durch steigendes Alter ausgelöst werden, können verlangsamt oder sogar umgekehrt werden, so dass das Gehirn jünger wird." Schon ein 30-minütiger Spaziergang könne das Gedächtnis trainieren. „Du weißt, dass du vom Laufen eine

bessere Kondition und vom Gewichtheben stärkere Muskeln be-
kommst, aber vermutlich wusstest du nicht, dass Bewegung und
Sport auch Veränderungen im Gehirn bewirken", so Hansen.
„Veränderungen, die nicht nur mit moderner medizinischer
Technik messbar sind, sondern auch in allerhöchstem Grad beeinflussen, wie du mental funktionierst." Studien hierzu belegten, dass durch regelmäßige Spaziergänge die Verbindungen zwischen den verschiedenen Gehirnlappen gestärkt und die verschiedene Teile des Gehirns besser integriert wurden. Weitere
Studien ergaben, dass ein halbstündiger Spaziergang täglich auch
das Risiko, an Demenz zu erkranken, um ca. 40 Prozent senken
konnte.

!

Es muss nicht
immer schweißtrei-
bend sein: Täglich
ein Spaziergang als
natürlicher
Gedächtnishelfer!

Konzentration durch Kondition

Körperliche Aktivität kann den wichtigen permanenten Neuauf-
bau von Nervenzellverbindungen gewährleisten, das heißt, die
synaptische Plastizität für dein Lernen und Erinnern. Verantwortlich für diesen Prozess könnte ein bestimmter Botenstoff
sein, das Irisin. Es wird insbesondere bei Ausdauertraining vermehrt aus den Muskeln freigesetzt und gelangt über deinen Blut-
kreislauf in das Gehirn. Auch Anders Hansen empfiehlt in erster
Linie ein regelmäßiges Konditionstraining. Motto: Eine starke
Kondition und Ausdauer steht gleichzeitig auch für ein starkes
Gedächtnis.

Dass wir durch den allgegenwärtigen Bewegungsmangel nicht
das ausschöpfen, was unser Gehirn zu leisten vermag, bestätigt
die Bewegungstherapeutin und Fachergotherapeutin für Demenz
Kirsty Meyer: „Mangelnde körperliche Aktivität führt dazu, dass
unsere geistige Leistungsfähigkeit weit hinter dem zurückbleibt,
was eigentlich möglich ist", sagt sie. Kirsty Meyer geht mit ihren
Patienten beispielsweise regelmäßig zum Brainwalking, dem Ge-
dächtnislauf. „Ein Gehirntraining in freier Natur bringt das Gedächtnis in Schwung. Das hält geistig fit. Zum einen, weil durch

!

Überkreuzübungen vernetzen deine beiden Gehirnhälften, Aufmerksamkeit und Konzentration steigen.

die körperliche Aktivität neue Zellen im Gehirn ausgebildet werden. Zum anderen, weil durch zusätzliche geistige Leistung, z. B. mithilfe von Überkreuzübungen, für das nachhaltige Verfestigen des Ganzen gesorgt wird." Entsprechende Übungen werden auch von Gedächtnistrainingsprogrammen wie Brain Gym oder Life Kinetik empfohlen. Sie lassen sich im Stehen oder im Büro auch im Sitzen ausführen, sind also leicht in den Alltag integrierbar.

Bewegte Methoden für ein fittes Gehirn

Brain Gym: Die Methode geht auf Arbeiten des Pädagogen Paul E. Dennison und seiner Frau Gail zurück. Sie beobachteten, dass Bewegung das Hören, Lesen und Gedächtnis ihrer Schüler förderte. Brain Gym arbeitet u. a. mit Überkreuzübungen und Erkenntnissen aus der Kinesiologie (Lehre vom Energiefluss im bewegten Muskel). Anbietende Therapeuten unter: therapeuten.de

Ganzheitliches Gedächtnistraining: Die Ärztin und Gerontologin Franziska Stengel beobachtete den körperlichen wie geistigen Abbau bei Menschen, die in den Ruhestand wechselten, und stellte geistige Trainingsspiele für sie zusammen. Heute bietet der BVGT Übungsprogramme, die das kognitive Training mit Bewegungs- und Entspannungselementen kombinieren. Kontakt zu Trainern über: bvgt.de

Life Kinetik: Das von dem Sportlehrer Horst Lutz entwickelte Konzept verknüpft Wahrnehmung, Gehirnjogging und Bewegung. Das heißt, während Bewegungen ausgeführt werden, wird z. B. das Gehirn mit Denkaufgaben gefordert. Die Methode wird u. a. von Bewegungstherapeuten angeboten. Zu finden unter: lifekinetik.de

MAT-Brainwalking: Im MAT, dem mentalen Aktivierungstraining, entwickelt in den 1980er-Jahren von dem Psychologen Siegfried Lehr, werden Denkaufgaben mit leichten Körperbewegungen an frischer Luft kombiniert, um Stress abzubauen und die individuelle Hirnleistung zu stärken. Viele sinnliche Eindrücke, die Abwechslung bieten, stehen bei den Erlebnisspaziergängen im Vordergrund. MAT-Trainer in der Nähe findet man auf den Seiten der Gesellschaft für Gehirntraining e.V. (GfG) unter: gfg-online.de

Überkreuz vernetzt in zehn Minuten

Übungen, die über Kreuz ausgeführt werden, können nachweislich innerhalb von zehn Minuten die Aufmerksamkeit und Konzentration verbessern. Du fühlst dich insgesamt wacher. Der Grund: Durch das Überqueren der Mittellinie findet die Vernetzung der rechten Gehirnhälfte – das ist die kreative und intuitiv arbeitende Seite – mit der linken Gehirnhälfte statt. Letztere arbeitet sehr strukturiert und bildet als logisch denkende Gehirnhälfte unseren Sachverstand. Langsam ausgeführt profitiert auch dein Gleichgewichtssinn von regelmäßigen Überkreuzübungen.

Besonders hilfreich sind sie in Stresssituationen. Denn unter Hochdruck ist die Integration beider Gehirnhälften quasi unmöglich. Es dominiert entweder die rechte oder die linke Seite, was eine Typfrage und bei jedem Menschen individuell recht verschieden ist. Doch hat wohl jeder schon einmal erlebt, wie einen die buchstäbliche Einseitigkeit im Kopf schier zur Verzweiflung bringen kann. Etwa wenn wir vor lauter Stress „nicht mehr klar denken" können, geschweige denn Entscheidungen zu treffen vermögen. Oder wir uns „vollkommen unausgeglichen" und „wie von uns selbst abgetrennt" fühlen. Eigentlich ist das kaum verwunderlich, denn bei mangelnder Gehirnintegration nutzen wir immer nur einen Teil unseres Bewusstseins. Abwechslungsreiche körperliche Aktivität kann dem effektiv vorbeugen. Therapeutin Kirsty Meyer rät, dabei auch Ohren und Nasenspitze einzubeziehen. Probiere es aus!

! Überkreuzübungen stimulieren beide Gehirnhälften – ein natürliches Training für Koordination.

Die Gehirnhälften integrieren

Ellenbogen-Knie-Effekt: Abwechselnd im Sitzen mit der rechten Hand oder dem rechten Ellenbogen das linke Knie berühren und andersherum. Im Stehen ausgeführt darf zusätzlich nach Belieben fröhlich marschiert, getanzt oder gehüpft werden.

Ohr oder Nase? Beide Hände klopfen auf den jeweiligen Oberschenkel. Dann greift die linke Hand an das rechte Ohr, die rechte Hand greift die Nasenspitze. Wieder auf die Oberschenkel klopfen und Seitenwechsel: Die rechte Hand greift an das linke Ohr, während die linke Hand die Nasenspitze greift. Und: Weißt du noch, wo rechts und wo links ist?

Mit allen Sinnen nervenstark

Um die Merkfähigkeit zu schulen, baut Ergotherapeutin Kirsty Meyer viele verschiedene Übungen auch beim Brainwalking ein. „Und zwar für alle Sinne", sagt sie. „Das können Geruchsübungen oder welche für den Tastsinn sein. In Kombination mit der Frischluft fördern wir, dass beide Hirnhälften optimal zusammenarbeiten. Alles in allem nimmt die geistige Leistungsfähigkeit mit der Bewegung um circa 20 Prozent zu. Spaß und Freude am Erfahren von Umgebung und Natur inklusive. Eine Studie der Universität Erlangen hat gezeigt, dass die Kombination aus Gedächtnis und Bewegungstraining der Hirnalterung entgegenwirkt." Eine Erklärung dafür ist, dass dein Arbeitsspeicher besonders viel Energie benötigt. „Und je mehr Energie ich beispielsweise durch mehr Bewegung zur Verfügung stelle, desto besser können beide Hirnhälften zusammenarbeiten."

Wenn Kirsty Meyer mit ihren Brainwalkern unterwegs ist, lässt sie die Teilnehmer auch regelmäßig ausschwärmen: „Bitte sucht mir etwas Weiches, etwas Rundes, etwas Hartes und einen Gegenstand, der mit einem Vokal anfängt", fordert sie dann. „Wir haben dabei schon tolle kreative Erlebnisse gehabt. Jemand

> **!** Je mehr Energie durch Bewegung zur Verfügung steht, desto besser arbeiten beide Hirnhälften zusammen.

aus der Gruppe kam zurück und sagte: Ich habe einen Stock gefunden, aber das fängt ja leider nicht mit einem Vokal an. Eine andere Teilnehmerin warf ein: Doch, das ist ein Ast."

Bewegung löst viele Denkblockaden. „Beim Brainwalking mit allen Sinnen ist viel Bewegung in Körper und Geist, und natürlich hat es auch einen großen sozialen Aspekt mit dem Austausch untereinander und dem Spaß an der Sache – und wenn die Aufgabe noch so einfach ist." Brainwalking eignet sich auch zur Stressreduktion und als betriebliche Gesundheitskomponente. „Durch die Bewegung wird die Ausschüttung bestimmter Hormone im Gehirn aktiviert, der Kortisolspiegel gesenkt und Stress abgebaut."

Der Entwicklungspsychologe Ulman Lindenberger entdeckte, dass Studienteilnehmer, die man auf einen wackeligen Untergrund stellt, eine kognitive Aufgabe schlechter lösen als jene, die auf einem stabilen Untergrund stehen. Vor allem, wenn die Denkaufgabe schwierig ist, bleiben schlicht nicht genügend Kapazitäten übrig, um auch noch die motorische Herausforderung zu bewältigen und umgekehrt. Das gilt insbesondere dann, wenn die motorische Aufgabe gesteigert wird. Ein anspruchsvolles Beispiel hat Kirsty Meyer aus ihrer Praxis: die Windmühle (siehe Seite 122). Zugegeben, bei dieser Übung die Arme zu koordinieren, ist auch ohne Denkaufgabe ziemlich schwierig. Ähnlich verhält es sich beim Fingersortieren, wenn die Rechte nicht weiß, was die Linke tut.

Zweimal Brainfitness für den Körper

Die Arm-Windmühle

1. Armposition waagrecht, also Schulterhöhe seitlich ausgestreckt, die Handinnenfläche zeigt zur Decke

2. Arm wie in Position 1, aber der Ellenbogen ist 90 Grad gebeugt: Unterarm und Finger zeigen zur Decke

3. Der Arm ist senkrecht gerade nach oben gestreckt

So geht's: Dein rechter Arm beginnt in der Ausgangsposition 1, dein linker Arm beginnt in Position 2 mit abgewinkelten Ellenbogen. Nun beginnst du gleichzeitig beide Arme in die nächste Position zu verändern, also deinen rechten Arm in die Position 2 und den linken Arm in die Position 3 und so weiter. Eine tolle Übung für deine Koordination.

Wenn die Rechte nicht weiß, was die Linke tut ...

Bei deiner rechten Hand berühren sich Daumen und der kleine Finger. Bei deiner linken Hand berührt die Daumenkuppe den Zeigefinger. Jetzt geht es los: Deine Hände beziehungsweise Finger gehen in entgegengesetzter Richtung auf Wanderschaft. Bei deiner rechten Hand wandert der Daumen also zum Ring-, Mittel- und dann zum Zeigefinger, während gleichzeitig dein linker Daumen zum Mittel-, Ring- und schließlich zum kleinen Finger hüpft. Dann geht es gleichzeitig wieder zurück. Viel Spaß beim Entknoten!

Dualtasking macht dich sicher

!

Dualtasking verbindet kognitive Übungen mit Bewegungsaufgaben.

Ein besonders anspruchsvolles Training für deinen Kopf ist Dualtasking, bei dem eine Bewegung mit der Lösung einer kognitiven Aufgabe kombiniert wird. Im Alltag sind wir oft mit Doppel- oder sogar Mehrfachaufgaben konfrontiert. Das Problem: Nicht nur die Denkaufgabe „Wo ist bloß mein Schlüssel?" benötigt Gehirnkapazität, sondern auch die konkrete Bewegung – beispielsweise dabei eine Treppenstufe nach der anderen zu nehmen, denn: Deine Motorik wird unaufhaltsam von deinem Zentralnervensystem kontrolliert, was ebenfalls Energie kostet.

Dass Koordination und Dualtasking gar nicht so einfach sind, ist ein Phänomen, das man auch im Alltag beobachten kann. „Insbesondere Menschen über 65 bleiben beim Spazierengehen öfter stehen, wenn sie nach Worten suchen, um einem anderen beispielsweise auf eine Frage zu antworten", so Kirsty Meyer. Dualtasking zu üben bzw. diese Fähigkeit zu erhalten, bedeutet hier mehr Sicherheit im Alltag. „Weil es dem Gehirn wieder freies Potenzial verschafft." Dabei werden zumeist im ersten Schritt nur eine Denksport- und dann die Bewegungsaufgabe separat geübt. Im zweiten Schritt muss beides gleichzeitig ausgeführt werden, das Gehirn wird also geschult, seine Aufmerksamkeit auf zwei Aufgaben zur gleichen Zeit zu verteilen und diese zu verknüpfen.

Dualtasking-Übungen

Macht die folgenden Dualtasking-Übungen am besten immer zu zweit oder in der Gruppe, um euch gegenseitig abzusichern.

1. In den Tandemstand stellen: Dabei wird ein Fuß so vor den anderen gestellt, dass die Ferse die Zehen des hinteren Fußes berührt. In dieser Position beispielsweise Wörter rückwärts buchstabieren (z. B. „Gleichgewicht": T-H-C-I-W-E-G-H-C-I-E-L-G) oder kreative Wortfindungsspiele durchführen (z. B. Memory 20, siehe Seite 100).

2. Mit geschlossenen Augen auf einem weichen Untergrund, z. B. auf einer Matte oder einer mehrfach gefalteten Decke oder weichen Kissen stehen. In dieser Position Rechenaufgaben lösen, die von einer zweiten Person gestellt werden (z. B. Memory 30, siehe Seite 112).

3. Spazierengehen und beim Gehen gleichzeitig einen Ball rhythmisch auf dem Boden auftippen.

4. Beim Spaziergang in unebenem Gelände über Wiesen und Felder mit einem Ball Wurfübungen machen: Hochwerfen und fangen oder sich zu zweit gegenseitig den Ball zuwerfen. Steigerung: Die Ballabgabe mit Gedächtnisspielen verbinden (z. B. „Ich packe meinen Koffer und nehme mit ...": Wer den Ball fängt, muss alle Gegenstände wiederholen und einen weiteren hinzufügen.

Kirsty Meyer: „Ein weiterer Aspekt für nachlassende Dualtasking-Fähigkeiten ist, dass heute ganz viele Menschen alleine leben. Wenn ich alleine zu Hause bin, fokussiere ich mich immer nur auf eine Sache, z. B. den Tisch nach dem Essen abzuräumen. In dem Moment, wo zwei in einer Gemeinschaft leben, finden mehr Dualkombinationen statt. Also: Ich unterhalte mich z. B., während ich den Tisch abräume. Das ist mit einer der Gründe dafür, warum Menschen, die vor allem im Alter in Einpersonenhaushalten leben, oft Probleme in normalen Alltagssituationen haben. Wenn etwa beim Überqueren der Straße plötzlich von rechts etwas auftaucht. Das macht Menschen, die in Dualtasking nicht geübt sind, sehr schnell unsicher, und sie können ins Stolpern oder Stürzen kommen."

Wichtig: Verwechsle Dual- nicht mit Multitasking (siehe Seite 36). Letzteres bezieht sich nicht auf unsere natürlichen koordinativen Fähigkeiten, sondern darauf, Tausende Dinge buchstäblich gleichzeitig zu tun oder zu glauben, dies leisten zu müssen. Die Folge ist ein erhöhter Stresslevel, der dein Denken schließlich ausknockt.

Wer tanzt, reagiert schneller

Ein weiteres gutes Brainfitnesstraining ist Tanzen. Dabei werden – etwa im Unterschied zu immer wiederkehrenden gleichen Bewegungsabläufen wie im Fitnessstudio – besonders viele Gehirnareale gefordert: Rhythmus, Feinmotorik und der Gleichgewichtssinn sowie die Konzentrations- und Koordinationsfähigkeit.

Eine Studie des Albert Einstein College of Medicine in New York kam zu dem Ergebnis, dass bei einem Vergleich von elf verschiedenen Sportarten für 469 teilnehmende Senioren über 75 Jahre lediglich Tanzen mit einem geringeren Demenzrisiko assoziiert war. Eine andere Untersuchung der Ruhr Universität Bochum zeigte: Gesunde Senioren zwischen 60 und 94 Jahren, die sechs Monate lang regelmäßig einmal pro Woche für eine Stunde tanzten und dabei neue Tanzschritte erlernten, verbesserten ihre kognitiven Leistungen vor allem hinsichtlich Aufmerksamkeit, Kurz- und Langzeitgedächtnis, Sprache und Reaktionszeit. Kurz: Tanzen ist hervorragend für deinen Kopf. Sensomotorische, kognitive und körperliche Veränderungen im Laufe des Lebens können durch die harmonischen Bewegungen überraschend deutlich verbessert bzw. reduziert werden.

!

Tanzen kann die Funktionalität des Gehirns nachhaltig verbessern.

Dynamisch sitzen und Pausen machen

Und noch etwas ist wichtig. „Wer viel am Schreibtisch sitzt, sollte spätestens alle 90 Minuten für eine Unterbrechung sorgen", rät Ergotherapeutin Kirsty Meyer. „Das ist nämlich die maximale Zeitspanne, in der wir konzentriert arbeiten können. Dann sollte eine Pause erfolgen, auch wenn man das Gefühl hat, jetzt gerade gut drin zu sein."

Das Problem: Wer keine Pausen macht, arbeitet mit verminderter Leistung weiter, praktisch mit verringertem Akku. „Wer Pausen macht, arbeitet – auch wenn er aus einer Sache quasi herausgerissen wird – am Ende des Tages effektiver. Wobei schon zwei bis drei Minuten viel verändern können, z. B. in dieser Zeit Stufen im Treppenhaus herauf- und herunterzulaufen."

Alternativ lassen sich auch zwei kleine Wurfsäckchen hochwerfen, überkreuz auffangen, wieder hochwerfen, parallel auffangen usw. Kirsty Meyer: „Auch den Augenmuskel darf man nicht unterschätzen. Hier genügt es schon, einfach einmal aufzustehen und aus dem Fenster zu schauen und dann Blicksprünge zu machen, also mal etwas in der Nähe, mal etwas in der Ferne zu betrachten." Auch hier lautet also das Motto: Vielfalt statt Einfalt. „Eigentlich haben wir einen Sehwinkel von fast 180 Grad, aber unser Leben findet fast nur noch auf fünf Zoll statt, der Größe eines Handydisplays. Dadurch verlieren wir das breitwinklige Sehen."

Dynamisches Sitzen bedeutet, etwa alle zwei Minuten die Sitzposition zu verändern.

Alte Gewohnheiten ändern – ein Gedächtnistraining, von dem du ohne zusätzlichen Aufwand profitierst.

Abwechslung braucht auch der Körper insgesamt: „Das dynamische Sitzen ist wichtig. Das heißt, etwa alle zwei Minuten die eigene Sitzposition zu ändern. Kinder machen das automatisch, weil sie eine ganz andere Körperwahrnehmung haben, die man als Erwachsener in vielerlei Hinsicht wieder neu erlernen muss."

Bewegungsübungen bietet der Alltag übrigens schon morgens beim Zähneputzen. „Wenn du jetzt versuchst, auf einem Bein die Zähne zu putzen, hast du schon wieder eine Brainfitnessübung gemacht und brauchst dafür kein zusätzliches Zeitfenster", empfiehlt Kirsty Meyer. Die Idee dahinter: Gewohnheiten ändern und davon ohne zusätzlichen Aufwand profitieren. Erinnere dich: Jedes Durchbrechen alter Gewohnheiten sorgt für eine bessere Verknüpfung deiner Gehirnzellen. „Auch beim Schuhebinden kann jeder von uns Gehirnjogging machen." In der Regel hast du eine bestimmte Hand, mit der du die Schleife hältst. Mit der zweiten legst du den zweiten Schnürsenkel um die erste Schlaufe herum. Brainfitness für den Alltag: Versuche, es genau andersherum zu machen. „So kann man wirklich mit kleinen Dingen das Gehirn immer wieder neu herausfordern."

Der Körperbriefkasten

Profis aus der Gedächtnistrainingsszene wie der Münchner Gedächtnistrainer Markus Hofmann raten ebenfalls zu Ungewöhnlichem als Gedächtnisfutter. Etwa zu bildhafter Verknüpfung von Dingen, die wir im Alltag immer wieder vergessen: den Schlüssel, den Namen der neuen Nachbarn, ein Geburtsdatum usw. „Je übertriebener ein Bild dabei ist, desto besser", sagt Markus Hofmann. „Am wirkungsvollsten funktioniert das, wenn Sie dann auch noch kinästhetisch einen Anker setzen." Also: Körpereinsatz ist wieder Trumpf.

„Ein Beispiel: In meinen Vorträgen und Seminaren lade ich meine Zuhörer dazu ein, aufzustehen und ihren Körper in zehn Bereiche aufzuteilen. Die Füße sind die Nummer 1, Knie sind 2,

Oberschenkel 3, Gesäß 4, Bauchnabel 5, Brust 6, Schulter 7, Hals 8, Gesicht 9 und die Haare 10. Während wir das üben, wird der jeweilige Bereich berührt, so kommen Sie zusätzlich noch in Bewegung. Dann ordnen Sie beispielsweise die Gegenstände von Ihrer Einkaufsliste oder die Punkte, die Sie in einem Meeting der Reihe nach ansprechen wollen, diesen Plätzen eins bis zehn der Körperliste zu. Während Sie das machen, überlegen Sie sich auch noch eine Geschichte, in der die jeweilige Körperpartie und der Bestandteil Ihrer Merkliste vorkommen."

Je übertriebener die Bildergeschichte wird, desto besser. „Mein Sohn hat sich auf diese Weise einmal Bäume gemerkt, die er für die Schule lernen musste. Aus seinen Zehen ist Limo herausgeflossen, für die Linde. Sein Knie hat er angewinkelt. Das sah dann aus wie ein A für den Ahorn. Auf seinen Oberschenkeln hat er sich ein Buch gelegt, für die Buche. Zwischen die Hinterbacken hat er sich einen Zapfhahn geklemmt und Bier gezapft, für die Birke. Und in seinem Bauchnabel hat sich ein Eichhörnchen versteckt, für die Eiche. Das waren die Laubbäume auf den ersten fünf Körperbriefkästen. Die Nadelbäume hat er dann auf die Briefkästen sechs bis zehn gelegt." Diese Vorgehensweise ist eine der vielen Methoden und Lernmöglichkeiten aus der Trickkiste der Mnemotechniken.

Um dir Listen, Zahlen oder Namen einzuprägen, kannst du z. B. statt deines Körpers auch einen dir vertrauten Weg nutzen, um zehn oder mehr oder weniger markante Punkte auf diesem Weg – je nachdem, wie viel du dir merken willst – mit den Punkten deiner Liste visuell zu verknüpfen. Markus Hofmann: „Der Fantasie sind hier wirklich keine Grenzen gesetzt. Sie brauchen dann im Supermarkt oder in Ihrem Termin nur noch innerlich das Kino für Ihre Geschichte anzuwerfen – und Sie werden keinen Punkt vergessen. Versprochen."

!

Übertriebene Bilder, verrückte Symbole – alles, was ungewöhnlich ist, merkst du dir leicht.

Post im Körperbriefkasten

Bei diesem Gedächtnisspiel geht es darum, dir die folgenden Einkaufsgegenstände mithilfe einer Körperliste zu merken. Mach daraus also möglichst verrückte Bilder, z. B.: 1. deine Füße sind zwei überdimensionale Teebeutel in der Größe von Flossen (Begriff 1 = Teebeutel von deiner Einkaufsliste kommt auf die Körperliste Position 1 = Füße). Stell dir zu dieser Übung eine Eieruhr auf maximal drei Minuten – länger solltest du für die Aufgabe nicht brauchen.

1. Teebeutel	6. Tageszeitung
2. Bikini	7. Eier
3. Weichspüler	8. Wäscheklammern
4. Tomaten	9. Küchenrolle
5. Mehl	10. Wiener Würstchen

Zu guter Letzt: Entspannte Ohrmassage

Wie oft geht uns trotz alledem die Konzentration flöten, und Müdigkeit statt wacher Geist macht sich breit. Kennst du das auch? Dann ist es Zeit für eine Ohrmassage, die auch als Denkmütze bezeichnet wird – ein Begriff, der auf Paul E. Dennison zurückgeht. Die Ohrakupressur als solche wird wie auch die Ohrakupunktur in der Traditionellen Chinesischen Medizin (TCM) seit Jahrhunderten praktiziert, um die Durchblutung zu verbessern, die Körperkräfte zu harmonisieren und die Gesundheit positiv zu beeinflussen. Da in den Ohren mehr als 400 Akupunkturpunkte sitzen, hat hier sanftes Reiben, Ziehen und Massieren einen besonderen Effekt für mehr Wachheit und Konzentrationsfähigkeit. Wortbedeutungen können wieder besser erfasst, Assoziationen erleichtert werden, so die von Dennison beschriebenen Erfahrungen.

Die Ohrmassage ist denkbar einfach, entspannt dich ganzheitlich und kann jederzeit und überall durchgeführt werden: Du nimmst deine Daumen und Zeigefinger und massierst beidseitig oben beginnend die Rundung deiner Ohrmuschel entlang. So lange, bis du bei den Ohrläppchen angekommen bist. Den Druck kannst du variieren. Dabei wirst du feststellen, dass deine Ohren auch angenehm warm werden. Drei- bis fünfmal den Massagedurchgang wiederholen und die Übung mit einem herzhaften Gähnen, gelösten Räkeln und entspannten Strecken abschließen. Und schon kann es dynamisch weitergehen. Du weißt ja, dein Gehirn wartet nur auf Anregung und will ... einfach nur spielen!

!

Entspannung verändert die Hirnströme – die Energiereserven können wieder aufgefüllt werden.

ANHANG

Memory-Übungen, Lösungen

Memory 1, Seite 82

1. Konrad Adenauer, 2. Bravo, 3. Cornelia Froboess („Pack die Bade-
hose ein"), 4. Denn sie wissen nicht, was sie tun, 5. E-Mail für dich,
6. Fußballweltmeisterschaft, 7. Gelsenkirchener Barock, 8. Hula-
Hoop-Reifen, 9. Isetta, 10. Jukebox, 11. Kunststoff, 12. Lolita,
13. Milchbar, 14. Nierentisch, 15. Hazy Osterwald, 16. Purple Rain,
17. Rush Hour, 18. Sissy, 19. Tütenlampe, 20. Uwe Barschel,
21. Volksaufstand in der DDR, 22. Wirtschaftswunder, 23. Zitronen-
schwein

Memory 2, Seite 89

Lösungsvorschläge:

1. Kurven, Obst, Haare, Film, Menschen

2. Waren, Werbungskosten, Brille, Medikamente

3. Publikum, Kontakte, Kiosk, Haustiere

4. Schicksal, Kuchen, Raum, Wissen

5. Gewicht, Mütze, Wohnung, Mond

6. Buch, Zeitung, Gedanken, Leviten

7. Herde, Pflanze, Handel, Hobby

8. Person, Kunstwerk, Problem, Gefahr

Memory 3, Seite 89

(Kinder- und Volkslieder)

Ich weiß nicht, was soll es bedeuten; Es waren zwei Königskinder;
Muss i denn, muss i denn

Memory 4, Seite 90

(Wander- und Reiselieder)

Im Frühtau zu Berge; Das Wandern ist des Müllers Lust; Auf de schwäb'sche Eisebahne; Hoch auf dem gelben Wagen

Memory 5, Seite 91

(Lieder der Comedian Harmonists)

Ein Freund, ein guter Freund; Wochenend und Sonnenschein; Mein kleiner grüner Kaktus; Ich wollt, ich wär ein Huhn

Memory 6, Seite 92

(Seemannslieder)

Caprifischer; Das kann doch einen Seemann nicht erschüttern; Wir lagen vor Madagaskar; Auf der Reeperbahn nachts um halb eins

Memory 7, Seite 93

Jedes Jahr im Sommer machen wir eine REISE (1) auf eine INSEL (2) im NORDEN (3). Klaus ist von Beruf Lektor und ich spiele in einem Orchester. Um uns so richtig zu erholen, mieten wir uns für die Dauer unserer FERIEN (4) ein altes KLOSTER (5). Hier wohnt nur noch eine alte Dame, die früher von Beruf AUFSEHERIN (6) in unserem Internat war. Die LUFT (7) ist dort FREI (8) von Abgasen, und deshalb benutzen wir dort auch immer unser TANDEM (9) und lassen den WAGEN (10) zu Hause. Für unsere TOUREN (11) packen wir uns genug ESSEN (12) in die TASCHE (13), und los geht's über die schönsten ROUTEN (11). Wir fahren vorbei an Wiesen und Feldern, auf denen der HAFER (14) schon REIF (8) ist und manch ein Bauer seine SENSE (12) schwingt. Tief ATMEND (9) durch den Wind, der SACHTE (13) durch unsere Haare streift. Am UFER (15) sehen wir die FLUT (7), und durch die LINSE (2) unseres Fernrohrs sehen die Wellen ganz schön gefährlich aus. Einmal ist Klaus mit seinem Rad hingefallen. Plötzlich hörte ich laute RUFE (15) des LEKTORS (5), und als er aufstand, war seine rechte WANGE (10) ganz verfärbt. Zum Glück war außer dem

Bluterguss nichts weiter passiert, und seine REIFEN (4) waren auch noch in Ordnung. Auf dem Heimweg hörten wir aus der Ferne lauten DONNER (3) und sahen eine SERIE (1) von Blitzen, so dass wir uns sputen mussten, um noch trocken ins FERIENHAUS (6) zurückzukommen. Da man bei einem Gewitter sicherheitshalber keinen Fernseher anmachen sollte, spielte ich an diesem Abend zum Zeitvertreib einige Stücke auf meiner HARFE (14).

(1) EEIRS	REISE	SERIE
(2) EILNS	INSEL	LINSE
(3) DENNOR	NORDEN	DONNER
(4) EEFINR	FERIEN	REIFEN
(5) EKLORST	KLOSTER	LEKTORS
(6) AEEFHINRSU	FERIENHAUS	AUFSEHERIN
7) FLTU	LUFT	FLUT
(8) EFIR	FREI	REIF
(9) ADEMNT	TANDEM	ATMEND
(10) AEGNW	WAGEN	WANGE
(11) ENORTU	TOUREN	ROUTEN
(12) EENSS	ESSEN	SENSE
(13) ACEHST	TASCHE	SACHTE
(14) AEFHR	HAFER	HARFE
(15) EFRU	UFER	RUFE

Memory 8, Seite 95

(Lösungsvorschläge)

Zahnseide: Kuchen zerteilen, Knopf annähen, Bild aufhängen

Radiergummi: Nadelkissen, Buchstütze

Tempotaschentuch: Kaffeefiltertüte, Serviette

Memory 9, Seite 95

(Lösungsvorschläge)

Gummiring: Lesezeichen, Sonnenblende im Auto fixieren

Heftpflaster: bei Glatteis unter die Schuhe kleben, Geschenkpapier zukleben

Kaugummi: Brille oder Schuhabsatz reparieren

Memory 10, Seite 96

(Lösungsvorschläge)

Nagellack: Laufmaschen/Schnürsenkel reparieren, Brief versiegeln

Wäscheklammer: Übungsgerät für Fingergymnastik, Sockenhalter

Klebeband: Fusselbürste, Frostschutz fürs Schlüsselloch

Memory 11, Seite 96

Der Merksatz stand für die Anfangsbuchstaben der Planeten Merkur, Venus, Erde, Mars, Jupiter, Saturn, Uranus, Neptun und Pluto. Seit August 2006 gilt jedoch eine neue Regelung für die Planeten im Sonnensystem: Der bisherige Planet Pluto wurde zum Zwergplaneten – eine neue Planetenkategorie – degradiert. Unser Planetensystem besteht damit nur noch aus den verbleibenden acht Planeten plus fünf Zwergplaneten.

Memory 12, Seite 96

(Lösungsvorschläge)

„Der gestiefelte Kater" (Gebrüder Grimm), „Der Leopard" (Giuseppe Tomasi di Lampedusa), „Schiffbruch mit Tiger" (Yann Martel), „Die Känguru-Chroniken" (Marc-Uwe Kling)

Memory 13, Seite 97

Früher hieß es: Spinat ist gesund, weil er viel Eisen enthält. Heute ist klar: Der Eisengehalt von frischem Spinat ist eher gering. Der Ursprung der Legende liegt im Jahr 1890. Der Physiologe Gustav von Bunge maß den Eisengehalt von getrocknetem Spinat, der zehnmal mehr Eisen enthält als Frischware – ein Wissen, das schnell in Vergessenheit geriet und erst langsam wieder ins Allgemeinwissen Eingang findet.

Memory 14, Seite 97

Ihre Gültigkeit haben die alten Hinweisschilder schon Ende 2002 verloren. Autoradios verfügen inzwischen über eine Funktion, über die das Radio selbstständig Sender mit Verkehrsnachrichten findet. Ist das eingeschaltete Radio entsprechend eingestellt, wechselt es automatisch zu einem Sender mit Verkehrsfunk. Außerdem können sowohl Navigationsgeräte als auch Smartphones mit Navigations-App und mobilem Internet per TMC-Funktion („traffic message channel") Staunachrichten und Gefahrenmeldungen empfangen.

Memory 15, Seite 97

Die Fischer-Chöre

Memory 16, Seite 98

Minipli

Memory 17, Seite 98

Buchclub oder Buchgemeinschaft

Memory 18, Seite 99

1. a) Konfektion, b) Konfekt
2. a) Koteletten, b) Kotelett
3. a) Smock, b) Smog
4. a) Talar, b) Taler
5. a) Pumps, b) Pump
6. a) Toupet, b) Tapete
7. a) Gabardine, b) Gardine
8. a) Tanga, b) Tango

Memory 19, Seite 100

(Lösungsvorschläge)
Haarig ging es zu beim haarkleinen Enthaaren.
Im Pool das Moos wich nur Shampoo.

Memory 20, Seite 100

(Lösungsvorschläge)
Reiche Renate rote Rosen rüber!
Ob Otto ohne Oberteil operiert?
Selbst Susi setzt sich sorglos.
Erna erntet erfolgreich Erdbeeren, erwähnt Erika.

Memory 21, Seite 101

Die 20 Begriffe lassen sich in vielen Paarkonstellationen miteinander kombinieren – der Platz für Lösungsvorschläge würde hier nicht ausreichen. Ein Beispiel für genaue Beschreibung: In der Konstellation „Schnürsenkel – Hühnersuppe" etwa wäre zu erklären, dass der Fond von Hühnersuppe deshalb zum Binden von Saucen hervorragend geeignet ist, weil er Gelatine enthält. Und Schnürsenkel lassen sich natürlich auch binden.

Memory 22, Seite 103

Wenn du dich gut konzentrieren kannst, zählst du 16 Quadrate: insgesamt sechs an beiden Ecken links unten und rechts oben. Drei Quadrate links oben, ebenfalls drei Quadrate auf der gegenüberliegenden Seite links unten, zudem vier Quadrate von der Mitte aus jeweils größer werdend.

 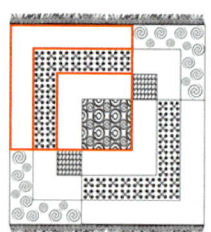 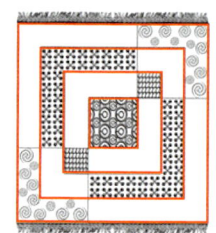

Memory 23, Seite 104

1. Thermoskanne, 2. Staubsauer, 3. Salzstreuer, 4. Herdplatte,
5. Brotkorb, 6. Backofen, 7. Kochtopf, 8. Besteck, 9. Quirl, 10. Eimer

T	H	E	R	D	P	L	A	T	T	E	R
	H									E	B
K		E	B						U		A
Q	O		R	R			E	E			C
U		C	B	M	O		R		I		K
I			H	E	O	T			M		O
R				T	S	S	K		E		F
L				Z	O	T	K	O	R		E
			L			P	E	A	R		N
		A				F	C	N	B		
	S							K	N		
S	T	A	U	B	S	A	U	G	E	R	E

Memory 24, Seite 105

Es handelt sich um die ELBE:

In den letzten Herbstferien fuhren wir wieder in das**selbe** Urlaubsdomizil wie in den Jahren zuvor. Es handelt sich um einen kleinen Ort an einem der schönsten Flüsse Deutschlands; doch um welchen Fluss es sich handelt, können Sie herausfinden, wenn Sie diesen Text aus einem anderen Blickwink**el be**trachten.

Einen Tag vor der geplanten Abreise musste ich mich noch einer Wurz**elbe**handlung bei meinem Zahnarzt Eng**elbe**rt H**elbe**rmann in Heid**elbe**rg unterziehen, der mir s**elbe**r noch eine Einz**elbe**ratung mit auf den Weg gab. Vor lauter Nervosität hatte ich mir noch das Nag**el-be**tt eingerissen, so dass ich mir diese Heilmitt**elbe**handlung am liebsten erspart hätte.

Doch als es endlich losging, freute ich mich auf die Fahrt in unserer g**elbe**n Familienkutsche. Durch die sanften Schauk**elbe**wegungen schlief ich auch bald ein. Meine bessere Hälfte weckte mich erst in Wuppertal-**Elbe**rfeld zum Picknick. Gegen Abend kamen wir müde am Urlaubsort an. Der Hot**elbe**sitzer bereitete uns einen herzlichen Empfang. In unserem Zimmer wartete nicht etwa ein schlichtes Dopp**elbe**tt, nein, sogar ein Himm**elbe**tt auf uns! Im Preis sollte sogar die Bademant**elbe**nutzung inbegriffen sein.

Wir zogen uns um und gingen zunächst in das Restaurant, wo wir uns zum Essen vom heimischen Wein ein Viert**el be**stellten. Anschließend besuchten wir das Casino nebenan, um einmal einen solchen Spi**elbe**trieb von innen kennenzulernen. Am Nachbartisch saßen gerade Steven Spi**elbe**rg und Giovane **Elbe**r ins Gespräch vertieft.

Eine ganze Woche lang wohnten wir in unserem familiären Hot**el-be**trieb mit Himm**elbe**tt und Einz**elbe**treuung durch das Personal. Wir genossen das schöne Wetter und wanderten durch die Flusslandschaft mit den Vog**elbe**erbäumen und ihren goldg**elbe**n Blättern. Und wenn jetzt bei dir noch Zweif**el be**stehen, an welchem schönen Fluss wir Urlaub gemacht haben, dann solltest du diesen Text noch einmal einer Dopp**elbe**arbeitung unterziehen.

Memory 25, Seite 106

a) F S (Es handelt sich um die Anfangsbuchstaben der Wochentage.)

b) 67 (Die jeweils folgende Zahl beginnt mit der vorhergehenden Ziffer und wird ergänzt mit der Folgeziffer.)

c) 4 (Die Zahlen sind in alphabetischer Reihenfolge aufgeführt.)

d) MLX (Die Anzahl der Striche erhöht sich jeweils um einen.)

Memory 26, Seite 107

a) Lager (Die Anzahl der Buchstaben des vorhergehenden Wortes bestimmen den Anfangsbuchstaben des Folgewortes, sie geben die Stelle im Alphabet an: 1 = A, 2 = B usw.)

b) Siegen (Die Anfangsbuchstaben bezeichnen die Tonstufen auf Italienisch: do – re – mi – fa – sol – la – si.)

c) Beil (Die Buchstabenfolge des gesuchten Wortes entspricht dem Alphabet.)

d) V (Es handelt sich um die Anfangsbuchstaben der Farben des Regenbogens – in der Reihenfolge von oben nach unten zu sehen: Rot, Orange, Gelb, Grün, Blau, Indigo, Violett.)

Memory 27, Seite 107

a) Spezialität (Der Buchstabe A rutscht im Folgewort jeweils um eine Position weiter nach rechts.)

d) Schilderung (Die Begriffe beinhalten jeweils Männer- und Frauennamen: Tom – Anna – Uli – Klara – Fred – Hilde.)

c) Hut (Alle aufgeführten Kleidungsstücke haben einen männlichen Artikel.)

a) der/die Mangel (Es handelt sich um Homonyme („Teekesselchen"), deren Unterschied sich in dieser Aufzählung nur im jeweiligen Artikel bemerkbar macht.)

Memory 28, Seite 108

Es verhält sich …

1. a) Tülle zu Teekanne wie Docht zu Kerze
2. b) Sorbet zu gefroren wie Heu zu getrocknet
3. c) Unkraut zu Pflanzen wie Grippe zu Krankheit
4. b) Bibliothek zu Information wie Öl zu Energie
5. a) Oskar zu Preis wie Tarantel zu Spinne
6. b) Bild zu Postkarte wie Bein zu Tisch
7. c) Hahn zu krähen wie Horn zu hupen
8. b) Reifen zu Auto wie Tasten zu Klavier
9. a) Knochen zu Finger wie Decke zu Picknick
10. b) Schach zu Spiel wie Forelle zu Fisch

Memory 29, Seite 110

Lösung siehe Text neben dem Lückentext

Memory 30, Seite 112

a) 13, b) 11, c) 9, d) 15, e) 13, f) 38, g) 33, h) 40, i) 43, j) 19

Memory 31, Seite 112

Anna, Britta, Martin

Memory 32, Seite 113

1. Platz: Emma, 2. Platz: Monika, 3. Platz: Leni, 4. Platz: Julia

Memory 33, Seite 113

von links nach rechts: gelb (neun), blau (zwei), rot (elf)

Fachliteratur

Christofoletti G, Oliani MM, Gobbi S, Stella F (2004): Effects of motor intervention in elderly patients with dementia. An analysis of randomized controlled trials. In: Topics in Geriatric Rehabilitation. Vol. 23, Issue 2, pp. 149–154

Dar-Nimrod I, Heine SJ (2006): Exposure to scientific theories affects women's math performance. In: Science. Vol. 314, Issue 5798, p. 435

Davis HP et al. (2013): Subjective organization, verbal learning, and forgetting across the life span: from 5 to 89. In: Experimental Aging Research. Vol. 39, Issue 1, pp. 1–26

Esch T (2008): Mind-Body-Medizin. Stress, Stressmanagement und Gesundheitsförderung. In: Komplementäre und integrative Medizin. Vol. 49, Issue 1, pp. 35–39

Fuchs J et al. (2013): Körperliche und geistige Funktionsfähigkeit bei Personen im Alter von 65 bis 79 Jahren in Deutschland. Ergebnisse der Studie zur Gesundheit Erwachsener in Deutschland (DEGS1). Abt. für Epidemiologie und Gesundheitsmonitoring, Robert Koch-Institut, Berlin. Bundesgesundheitsblatt 56, pp. 723–732

Grön Georg et al. (2003): Variability in memory performance in aged healthy individuals: an fMRI study. In: Neurobiology of Aging. Vol. 24, Issue 3, pp. 453–462

Gschwind YJ, Bridenbaugh SA, Kressig RW (2014): Motorisch-kognitives Dual-Tasking. Les doubles tâches cognitivo-motrices. In: Physioactive, Issue 5, pp. 7–13

Hauner H (2011): Isst sich die Menschheit krank? Über den Zusammenhang von moderner Ernährung und Zivilisationskrankheiten. In: Akademie Aktuell, Issue 1, pp 28–31

Jones DS, Greene JA (2016): Is dementia in decline? Historical trends and future trajectories. In: The New England Journal of Medicine, Vol. 374, pp. 507–509

Kattenstroh JC, Kalisch T, Holt S, Tegenthoff M, Dinse HR (2013): Six months of dance intervention enhances postural, sensorimotor, and cognitive performance in elderly without affecting cardio-respiratory functions. In: Frontiers in Aging Neuroscience, Vol. 5, p. 5

Kimura D (1992): Sex differences in the brain. In: Scientific American. Vol. 267, Issue 3, pp. 118–125

Kullmann Heide-Marie, Seidel Eva (2005): Perspektive Praxis: Lernen und Gedächtnis im Erwachsenenalter. Das Deutsche Institut für Erwachsenenbildung (DIE) (Hrsg.). Bertelsmann Verlag, Bielefeld [im Internet als pdf abrufbar]

Littlejohns TJ, Kos K, Henley WE, Kuźma E, Llewellyn DJ (2016): Vitamin D and dementia. In: The Journal of Prevention of Alzheimer's Disease. Vol. 3, Issue 1, pp. 43–52

Lohmann-Haislah A (2012): Stressreport Deutschland (2012). Bundesanstalt für Arbeitsschutz und Arbeitsmedizin, Dortmund/Berlin/Dresden, p. 166

Lourenco MV et al. (2019): Exercise-linked FNDC5/irisin rescues synaptic plasticity and memory defects in Alzheimer's models. In: Nature Medicine. Vol. 25, pp. 165–175

Meeusen R (2014): Exercise, nutrition and the brain. In: Sports Medicine. Vol. 44 (Suppl 1), pp. 47–56

Richter M et al. (2019): Revised reference values for the intake of protein. In: Annals of Nutrition and Metabolism. Vol. 74, Issue 3, pp. 242–250

Riepe MW (2019): Unkonzentriert, Gedächtnisstörungen, Demenz? Was kann ich meinen Patienten empfehlen? In: CME-Fortbildung MedLearning, unterstützt durch Dr. Willmar Schwabe GmbH & Co. KG, zertifiziert durch die Bayerische Landesärztekammer

Robert-Koch-Institut (Hrsg.) (2014): Psychische Auffälligkeiten. Faktenblatt zu KiGGS Welle 1: Studie zur Gesundheit von Kindern und Jugendlichen in Deutschland. Erste Folgebefragung 2009 bis 2012. RKI, Berlin

Satizabal CL et al. (2016): Incidence of dementia over three decades in the Framingham Heart Study. In: The New England Journal of Medicine, Vol. 374, pp. 523–532

Schäfer S (2009): Gesunde Kinder mit Freude am Essen. Praktische Umsetzung eines Ernährungskonzeptes im Iakchos Kinder- und Jugendhaus nach geisteswissenschaftlichen Gesichtspunkten. In: Der Merkurstab. Vol. 62, Issue 5, pp. 476–484

Schäfer S (2016): Unsere Zivilisationskrankheiten, woher kommen sie, wie sind sie zu heilen? In: Sedlmaier, Georg (Hrsg.): Gesund durchs Leben. 14 Beiträge für eine ganzheitliche und gesunde Lebensführung. BoD Verlag, Norderstedt

Scheidt-Nave C et al. (2013): Verbreitung von Fettstoffwechselstörungen bei Erwachsenen in Deutschland. Ergebnisse der Studie zur Gesundheit Erwachsener in Deutschland (DEGS1). Abt. für Epidemiologie und Gesundheitsmonitoring, Robert-Koch-Institut, Berlin. Bundesgesundheitsblatt 56, pp: 661–667

Society for Neuroscience (2010): Das Gehirn. Eine kurze Zusammenfassung über das Gehirn und das Nervensystem. Washington, D.C.; Übersetzung der amerikanischen Broschüre von Uwe Ilg, Tübingen

Teuchert-Noodt G (2017): 20 Thesen zu digitalen Medien aus Sicht der Hirnforschung. In: Umwelt Medizin Gesellschaft. Vol. 30, Issue 4, pp 32–33

UniPress (2019): Schlaf fürs Gehirn. Forschung und Wissenschaft an der Universität Bern. Universität Bern (Hrsg.). Vol. 43, Issue 176

Verghese J et al. (2003): Leisure activities and the risk of dementia in the elderly. In: New England Journal of Medicine. Vol. 348, Issue 25, pp. 2508–2516

Voelcher-Rehage C, Tittlbach S, Jasper BM, Regelin P (2013): Gehirntraining durch Bewegung. Wie körperliche Aktivität das Denken fördert. Deutscher Turner-Bund e.V., Frankfurt am Main (Hrsg.). Aus der Reihe: Wo Sport Spaß macht. Meyer & Meyer Sport Verlag, Aachen [im Internet als pdf abrufbar]

Interessante Links

bvgt.de Bundesverband Gedächtnistraining e.V., Idstein; servicebuero@bvgt.de

damid.de Dachverband Anthroposophische Medizin in Deutschland (DAMiD) e.V., Berlin; info@damid.de

deutsche-alzheimer.de Deutsche Alzheimer Gesellschaft e.V., Selbsthilfe Demenz, Berlin; info@deutsche-alzheimer.de

die-bonn.de Deutsches Institut für Erwachsenenbildung (DIE) Leibniz-Zentrum für Lebenslanges Lernen e.V., Bonn; info@die-bonn.de

dtb.de Deutscher Turner-Bund e.V. (DTB), Frankfurt am Main; hotline@dtb.de

gfg-online.de Gesellschaft für Gehirntraining e.V., Ebersberg; info@gfg-online.de

gripstraining.de Workshops und Seminare mit Andrea Friese, Bedburg (bei Köln); mail@gripstraining.de

memoryxl.de Europäische Gesellschaft zur Förderung des Gedächtnisses e.V.

parkinson-gesellschaft.de Deutsche Gesellschaft für Parkinson und Bewegungsstörungen e.V., Berlin

unvergesslich.de Gedächtnistraining mit Keynotespeaker Markus Hofmann, München; welcome@unvergesslich.de

Bücher zum Weiterlesen

Bien, Ulrich: Einfach. Alles. Merken. Das perfekte Gedächtnistraining. Geniale Merktechniken. Plus DVD: Der Kompakt-Kurs zum Anschauen. humboldt Verlag, Hannover 2011

Bonelli, Raphael M.: Frauen brauchen Männer (und umgekehrt). Couchgeschichten eines Wiener Psychiaters. Kösel Verlag, München 2019

Dennison, Paul E., Dennison, Gail: Brain-Gym bringt Lernen in Bewegung. Das Handbuch. VAK Verlag, Kirchzarten bei Freiburg 2010

Dennison, Paul E.: Brain-Gym – mein Weg. Lernen mit Lust und Leichtigkeit. VAK Verlag, Kirchzarten bei Freiburg 2010

Deutscher Turner-Bund (Hrsg.): Sturzprophylaxe-Training. Gleichgewicht und Kraft trainieren. Keine Angst vor Stürzen. Meyer & Meyer Verlag, Aachen, 3. Auflage 2015

Hansen, Anders: Brainfit. Bauch, Beine, Hirn. Wie du durch Bewegung kreativer, konzentrierter und glücklicher wirst. Frechverlag, Stuttgart 2018

Hofmann, Markus: Denken Sie neu. Mentales Überlebenstraining in der digitalen Welt. Südwest Verlag, München 2014

Jasper, Bettina M., Friese, Andrea: Denkkonfekt. Mit kurzen Denkaufgaben den Tag versüßen. Vincentz Network, Hannover 2018

Jasper, Bettina M., Friese, Andrea: Denkspaziergang. Erlebnistouren – nicht nur draußen. Vincentz Network, Hannover 2019

Korte, Martin: Hirngeflüster. Wie wir lernen, unser Gedächtnis effektiv zu trainieren. Erkenntnisse eines Neurowissenschaftlers. Europa Verlag, München 2019

Vester, Frederic: Denken, Lernen, Vergessen. Was geht in unserem Kopf vor, wie lernt das Gehirn und wann lässt es uns im Stich? Aktualisierte Neuausgabe. dtV, München, 38. Auflage 2018

Bibliografische Information der Deutschen Nationalbibliothek
Die Deutsche Nationalbibliothek verzeichnet diese Publikation in der deutschen
Nationalbibliografie; detaillierte bibliografische Daten sind im Internet über
http://dnb.ddb.de/ abrufbar.

ISBN 978-3-8426-4212-6 (Print)
ISBN 978-3-8426-4213-3 (PDF)
ISBN 978-3-8426-4214-0 (EPUB)

Abbildungen:
Umschlagmotiv: Shutterstock – artplay, notkoo, Paul Lesser, Picnote, rainbow27aa
Pepe Peschel: 5, 89, 90, 91, 92, 101, 103, 104, 136
Stock.adobe.com: davooda: 6, 24; reineg: 10; pixelfreund: 13, 21, 27, 30, 35, 42, 55,
59, 86, 93, 100, 102, 106, 109, 118, 120, 122, 123, 124 (oben); hpunkt_de: 14;
pikovit: 19; artinspiring: 43; SurfupVector: 44; Alice July: 47, 72; Vectors Market:
70; Daniel Berkmann: 84; Yuttapong: 114; Piyathida P: 128 (unten)
Memorys: nach Andrea Friese

Originalausgabe
© 2020 humboldt
Die Ratgebermarke der Schlüterschen Verlagsgesellschaft mbH & Co. KG
Hans-Böckler-Allee 7, 30173 Hannover
www.humboldt.de
www.schluetersche.de

Lektorat: Linda Strehl, wort & tat, München
Layout: Groothuis, Lohfert, Consorten, Hamburg
Covergestaltung: ZERO, München
Satz: Die Feder, Konzeption vor dem Druck GmbH, Wetzlar
Druck und Bindung: Gutenberg Beuys Feindruckerei, Langenhagen